# Die Haager Landkriegsordnung

nebst Anlagen und Ergänzungen

**Die Haager Landkriegsordnung**

nebst Anlagen und Ergänzungen

ISBN: 978-3-86741-223-0
Erscheinungsjahr: 2010
Erscheinungsort: Bremen, Deutschland

© Europäischer Hochschulverlag GmbH & Co KG, Fahrenheitstr. 1, 28359 Bremen (www.eh-verlag.de). Alle Rechte beim Verlag und bei den jeweiligen Lizenzgebern.

# Inhalt

Internationale Übereinkunft vom 29. Juli 1899 betreffend die Gesetze und Gebräuche des Landkriegs (mit Reglement)

Abkommen vom 18. Oktober 1907 betreffend die Gesetze und Gebräuche des Landkriegs (mit Ordnung)

Erklärung vom 16. April 1856 betreffend das europäische Seerecht in Kriegszeiten

Abkommen vom 18. Oktober 1907 über die Behandlung der feindlichen Kauffahrteischiffe beim Ausbruche der Feindseligkeiten

Abkommen vom 18. Oktober 1907 über die Legung von unterseeischen selbsttätigen Kontaktminen

Abkommen vom 18. Oktober 1907 betreffend die Beschiessung durch Seestreitkräfte in Kriegszeiten

Abkommen vom 18. Oktober 1907 über gewisse Beschränkungen in der Ausübung des Beuterechts im Seekriege

Regeln vom 6. November 1936 betreffend die Massnahmen der Unterseeboote gegen Handelsschiffe

Abkommen vom 18. Oktober 1907 betreffend die Rechte und Pflichten der neutralen Mächte und Personen im Falle eines Landkriegs

Abkommen vom 18. Oktober 1907 betreffend die Rechte und Pflichten der neutralen Mächte im Falle eines Seekriegs

# Internationale Übereinkunft betreffend die Gesetze und Gebräuche des Landkriegs[2] [3]

Abgeschlossen in Den Haag am 29. Juli 1899

*Seine Majestät der Deutsche Kaiser, König von Preussen; Seine Majestät der Kaiser von Österreich, König von Böhmen usw. und Apostolischer König von Ungarn;Seine Majestät der König der Belgier; Seine Majestät der König von Dänemark; Seine Majestät der König von Spanien und in Seinem Namen Ihre Majestät die Königin-Regentin des Königreiches; der Präsident der Vereinigten Staaten von Amerika; der Präsident der Vereinigten Staaten von Mexiko; der Präsident der Französischen Republik; Ihre Majestät die Königin des Vereinigten Königreichs von Grossbritannien und Irland, Kaiserin von Indien; Seine Majestät der König der Hellenen; Seine Majestät der König von Italien; Seine Majestät der Kaise von Japan; Seine Königliche Hoheit der Grossherzog von Luxemburg, Herzog zu Nassau; Seine Hoheit der Fürst von Montenegro; Ihre Majestät die Königin der Niederlande; Seine Kaiserliche Majestät der Schah von Persien; Seine Majestät der König von Portugal und Algarbien usw.; Seine Majestät der König von Rumänien; Seine Majestät der Kaiser aller Reussen; Seine Majestät der König von Serbien; Seine Majestät der König von Siam; Seine Majestät der König von Schweden und Norwegen; Seine Majestät der Kaiser der Osmanen und Seine Königliche Hoheit der Fürst von Bulgarien,*

haben in der Erwägung, dass es nicht genügt, Mittel und Wege zu suchen, um den Frieden zu sichern und bewaffnete Konflikte zwischen den Staaten zu verhüten, sondern dass auch der Fall ins Auge gefasst werden muss, wo ein Ruf zu den Waffen durch Ereignisse herbeigeführt wird, die ihre Fürsorge nicht hat abwenden können,

von dem Wunsche beseelt, auch in diesem äussersten Falle den Gesetzen der Menschlichkeit und den sich immer steigernden Forderungen der Zivilisation zu dienen,

---

BS **11** 393; BBl **1900** III 1, **1907** I 824
1    Der Originaltext findet sich unter der gleichen Nummer in der französischen Ausgabe dieser Sammlung.
2    Diese Übereinkunft ist für die Schweiz nur noch anwendbar in den Beziehungen zu jenen Staaten, die dem Abk. vom 18. Okt. 1907 betreffend die Gesetze und Gebräuche des Landkriegs (SR **0.515.112** Art. 4) nicht beigetreten sind. Siehe die Liste der Vertragsstaaten am Schluss des R zum vorliegenden Abkommen.
3    Es handelt sich um das im Schlussprotokoll unter Ziff. II abgeschlossene Abkommen an der Haager Friedenskonferenz von 1899. Das Schlussprotokoll dieser Konferenz siehe in SR **0.193.211** am Schluss.
4    AS **23** 259

in der Erkenntnis, dass es notwendig ist, zu diesem Zwecke die allgemeinen Kriegsgesetze und Gebräuche einer Durchsicht zu unterziehen, sei es, um sie näher zu bestimmen, sei es, um ihnen gewisse Grenzen zu ziehen, damit sie soviel als möglich von ihrer Schärfe verlieren,

von all diesen Gesichtspunkten ausgehend, die heute wie vor 25 Jahren zur Zeit der Brüsseler Konferenz von 1874 durch eine weise und hochherzige Fürsorge nahegelegt sind,

in diesem Sinne zahlreiche Bestimmungen angenommen, die dem Zwecke dienen, die Gebräuche des Landkriegs näher zu bestimmen und zu regeln.

Nach der Auffassung der hohen vertragschliessenden Teile sollen diese Bestimmungen, deren Abfassung durch den Wunsch angeregt wurde, die Leiden des Krieges zu mildern, soweit es die militärischen Interessen gestatten, den Kriegführenden als allgemeine Richtschnur für ihr Verhalten in den Beziehungen untereinander und mit der Bevölkerung dienen.

Es war indessen nicht möglich, sich schon jetzt über Bestimmungen zu einigen, die sich auf alle in der Praxis vorkommenden Fälle erstrecken.

Andererseits konnte es nicht in der Absicht der hohen vertragschliessenden Teile liegen, dass die nicht vorgesehenen Fälle, in Ermangelung eines schriftlichen Übereinkommens, der willkürlichen Beurteilung der militärischen Befehlshaber überlassen bleiben.

In der Hoffnung, dass es später gelingen wird, ein vollständigeres Kriegsgesetzbuch zu erlassen, halten es die hohen vertragschliessenden Teile für zweckmässig, festzusetzen, dass in den Fällen, die in den von ihnen angenommenen Bestimmungen nicht vorgesehen sind, die Bevölkerungen und Kriegführenden unter dem Schutze und den herrschenden Grundsätzen des Völkerrechts bleiben, wie sie sich aus den unter gesitteten Staaten geltenden Gebräuchen, aus den Gesetzen der Menschlichkeit und aus den Forderungen des öffentlichen Gewissens herausgebildet haben.

Sie erklären, dass namentlich die Artikel 1 und 2 der angenommenen Bestimmungen in diesem Sinne zu verstehen sind.

Die hohen vertragschliessenden Teile, die hierüber eine Übereinkunft abzuschliessen wünschen, haben zu ihren Bevollmächtigten ernannt:

*(Es folgen die Namen der Bevollmächtigten)*

welche, nachdem sie sich gegenseitig ihre Vollmachten mitgeteilt und sie in guter und gehöriger Form befunden haben, über folgende Bestimmungen übereingekommen sind:

## Art. 1

Die hohen vertragschliessenden Teile werden ihren Landheeren Verhaltungsmassregeln geben, welche den der vorliegenden Übereinkunft beigefügten Bestimmungen über die Gesetze und Gebräuche des Landkriegs entsprechen.

**Art. 2**

Die Vorschriften der im Artikel 1 genannten Bestimmungen sind für die vertragschliessenden Mächte nur bindend im Falle eines Krieges zwischen zwei oder mehreren von ihnen.

Diese Bestimmungen hören mit dem Augenblick auf, verbindlich zu sein, wo in einem Kriege zwischen Vertragsmächten eine Nichtvertragsmacht sich einer der Kriegsparteien anschliesst.

**Art. 3**

Diese Übereinkunft soll sobald wie möglich ratifiziert werden.

Die Ratifikationsurkunden sollen in Den Haag hinterlegt werden.

Über die Hinterlegung einer jeden Ratifikationsurkunde soll ein Protokoll aufgenommen werden; von diesem soll eine beglaubigte Abschrift allen Vertragsmächten auf diplomatischem Wege mitgeteilt werden.

**Art. 4**

Die Nichtsignatarmächte können dieser Übereinkunft beitreten.

Sie haben zu diesem Zwecke ihren Beitritt den Vertragsmächten durch eine schriftliche Benachrichtigung bekanntzugeben, die an die Regierung der Niederlande zu richten und von dieser allen andern Vertragsmächten mitzuteilen ist.

**Art. 5**

Falls einer der hohen vertragschliessenden Teile diese Übereinkunft kündigen sollte, würde die Kündigung erst ein Jahr nach der schriftlich an die Regierung der Niederlande ergehenden und von dieser allen andern Vertragsmächten unverzüglich mitzuteilenden Benachrichtigung wirksam werden.

Diese Kündigung soll nur in Ansehung der Macht wirksam sein, die gekündigt hat.

*Zu Urkund dessen* haben die Bevollmächtigten diese Übereinkunft unterzeichnet und mit ihren Siegeln versehen.

Geschehen in Den Haag, am neunundzwanzigsten Juli achtzehnhundertneunundneunzig in einer einzigen Ausfertigung, die im Archive der Niederlande hinterlegt bleiben soll und wovon beglaubigte Abschriften den Vertragsmächten auf diplomatischem Wege zugestellt werden sollen.

*(Es folgen die Unterschriften)*

*Beilage*

# Reglement
# betreffend die Gesetze und Gebräuche des Landkriegs

## Erster Abschnitt:
## Kriegsparteien
## Erstes Kapitel:
## Bestimmung des Begriffs Kriegspartei

**Art. 1**

Die Gesetze, die Rechte und die Pflichten des Krieges gelten nicht nur für das Heer, sondern auch für die Milizen und Freiwilligen-Korps unter folgenden Bedingungen:

1. dass jemand an ihrer Spitze steht, der für das Verhalten seiner Untergebenen verantwortlich ist,
2. dass sie ein festes, aus der Ferne erkennbares Abzeichen tragen,
3. dass sie die Waffen offen führen und
4. bei ihrer Kriegführung die Kriegsgesetze und -gebräuche beobachten.

In den Staaten, in denen Milizen oder Freiwilligen-Korps das Heer oder einen Bestandteil des Heeres bilden, sind diese unter der Bezeichnung «Heer» einbegriffen,

**Art. 2**

Die Bevölkerung eines nicht besetzten Gebiets, die beim Herannahen des Feindes aus eigenem Antriebe zu den Waffen greift, um die eindringenden Truppen zu bekämpfen, ohne Zeit gehabt zu haben, sich nach Artikel 1 zu organisieren, wird als Kriegspartei betrachtet, sofern sie die Gesetze und Gebräuche des Krieges beobachtet.

**Art. 3**

Die bewaffnete Macht der kriegführenden Parteien kann sich zusammensetzen aus Kombattanten und Nichtkombattanten. Im Falle der Gefangennahme durch den Feind haben die einen wie die anderen Anspruch auf Behandlung als Kriegsgefangene.

## Zweites Kapitel:
## Kriegsgefangene[5]

### Art. 4

Die Kriegsgefangenen stehen unter der Gewalt der feindlichen Regierung, nicht in der Gewalt der Personen oder der Abteilungen, die sie gefangengenommen haben.

Sie sollen mit Menschlichkeit behandelt werden.

Alles, was ihnen persönlich gehört, verbleibt ihr Eigentum, ausgenommen Waffen, Pferde und Schriftstücke militärischen Inhalts.

### Art. 5

Die Kriegsgefangenen können in Städten, Festungen, Lagern oder an andern Orten interniert werden mit der Verpflichtung, sich nicht über eine bestimmte Grenze hinaus zu entfernen; dagegen dürfen sie nicht eingesperrt werden, wenn es nicht dringende Rücksichten der Sicherheit erfordern.

### Art. 6

Der Staat ist befugt, die Kriegsgefangenen nach ihrem Dienstgrad und nach ihren Fähigkeiten als Arbeiter zu verwenden. Diese Arbeiten dürfen nicht übermässig sein und in keiner Beziehung zu den Kriegsunternehmungen stehen.

Den Kriegsgefangenen kann gestattet werden, Arbeiten für öffentliche Verwaltungen oder für Privatpersonen oder für ihre eigene Rechnung auszuführen.

Arbeiten für den Staat werden nach den Sätzen bezahlt, die für die gleichen Arbeiten von Militärpersonen des eigenen Heeres gelten.

Werden die Arbeiten für Rechnung anderer öffentlicher Verwaltungen oder für Privatpersonen ausgeführt, so werden die Bedingungen im Einverständnis mit der Militärbehörde festgestellt.

Der Verdienst der Kriegsgefangenen soll zur Besserung ihrer Lage verwendet und der Überschuss, nach Abzug der Unterhaltskosten, ihnen bei der Freilassung ausbezahlt werden.

### Art. 7

Die Regierung, in deren Gewalt sich die Kriegsgefangenen befinden, hat für ihren Unterhalt zu sorgen.

Falls nicht besondere Vereinbarungen zwischen den Kriegsparteien getroffen werden, sind die Kriegsgefangenen in Beziehung auf Nahrung, Kleidung und Unterkunft ebenso zu behandeln, wie die Truppen der Regierung, die sie gefangengenommen hat.

---

[5] Die Genfer Abkommen von 1929 (SR **0.518.41** Art. 89) und von 1949 (SR **0.518.42** Art. 135) über die Behandlung der Kriegsgefangenen ergänzen dieses Kapitel in den Beziehungen zwischen den vertragschliessenden Mächten.

**Art. 8**

Die Kriegsgefangenen unterstehen den Gesetzen, Vorschriften und Befehlen, die in dem Heere des Staates gelten, in dessen Gewalt sie sich befinden. Jede Unbotmässigkeit kann mit der erforderlichen Strenge geahndet werden.

Entwichene Kriegsgefangene, die wieder ergriffen werden, bevor es ihnen gelungen ist, ihr Heer zu erreichen, oder das von den Truppen, die sie gefangengenommen haben, besetzte Gebiet zu verlassen, unterliegen disziplinarischer Bestrafung.

Kriegsgefangene, die nach gelungener Flucht wieder gefangengenommen werden, können für die frühere Flucht nicht bestraft werden.

**Art. 9**

Jeder Kriegsgefangene ist verpflichtet, auf Befragen seinen wahren Namen und Dienstgrad anzugeben; handelt er gegen diese Vorschrift, so können ihm die Begünstigungen, die den Kriegsgefangenen seiner Klasse zustehen, entzogen werden.

**Art. 10**

Kriegsgefangene können auf Ehrenwort freigelassen werden, wenn die Gesetze ihres Landes dies gestatten; sie sind alsdann bei ihrer persönlichen Ehre verbunden, die übernommenen Verpflichtungen sowohl ihrer eigenen Regierung als auch dem Staate gegenüber, der sie zu Kriegsgefangenen gemacht hat, gewissenhaft zu erfüllen.

Ihre Regierung ist ebenfalls verpflichtet, keinerlei Dienste zu verlangen oder anzunehmen, die dem gegebenen Ehrenworte widersprechen.

**Art. 11**

Ein Kriegsgefangener kann nicht gezwungen werden, seine Freilassung gegen Verpfändung des Ehrenwortes anzunehmen; ebensowenig ist die feindliche Regierung verpflichtet, auf die Bitte eines Kriegsgefangenen hin die Entlassung auf Ehrenwort zu bewilligen.

**Art. 12**

Jeder auf Ehrenwort freigelassene Kriegsgefangene, der gegen den Staat, der ihn entlassen hat oder gegen dessen Verbündete die Waffen trägt, verliert, wenn er wieder ergriffen wird, das Recht der Behandlung als Kriegsgefangener und kann den Gerichten überliefert werden.

**Art. 13**

Personen, die einem Heere folgen, ohne ihm unmittelbar anzugehören, wie Kriegskorrespondenten, Zeitungsberichterstatter, Marketender und Lieferanten, haben, wenn sie in Feindeshand geraten und ihre Festhaltung zweckmässig erscheint, das

Recht auf Behandlung als Kriegsgefangene, vorausgesetzt, dass sie sich im Besitz eines Ausweises der Militärbehörde des Heeres befinden, dem sie folgen.

**Art. 14**

Es wird beim Ausbruche der Feindseligkeiten in jedem der kriegführenden Staaten und gegebenenfalls in den neutralen Staaten, die Angehörige einer der Kriegsparteien in ihr Gebiet aufgenommen haben, eine Auskunftstelle über die Kriegsgefangenen errichtet. Diese hat die Aufgabe, alle die Kriegsgefangenen betreffenden Anfragen zu beantworten, und erhält hierfür von den zuständigen Dienststellen die nötigen Angaben, die sie in den Stand setzen, über jeden Kriegsgefangenen ein Personalblatt zu führen. Die Auskunftstelle muss auf dem laufenden gehalten werden über die Unterbringung der Gefangenen und die dabei eintretenden Veränderungen sowie über die Überführung in Krankenhäuser und über Todesfälle.

Die Auskunftstelle sammelt ferner alle zum persönlichen Gebrauche dienenden Gegenstände, Wertsachen, Briefe usw., die auf den Schlachtfeldern gefunden oder von den in Krankenhäusern oder Feldlazaretten gestorbenen Kriegsgefangenen hinterlassen werden, und stellt sie den Berechtigten zu.

**Art. 15**

Die Hilfsgesellschaften für Kriegsgefangene, die ordnungsgemäss nach den Gesetzen ihres Landes gebildet worden sind und den Zweck verfolgen, die Vermittler der mildtätigen Nächstenhilfe zu sein, empfangen von den Kriegsparteien für sich und ihre ordnungsmässig bevollmächtigten Agenten jede Erleichterung innerhalb der durch die militärischen Massnahmen und die Verwaltungsvorschriften gezogenen Grenzen, um ihre menschenfreundlichen Bestrebungen wirksam ausführen zu können. Die Bevollmächtigten dieser Hilfsgesellschaften können die Erlaubnis erhalten, unter die Gefangenen an ihrem Aufenthaltsorte sowie unter die in die Heimat zurückkehrenden Kriegsgefangenen an ihren Rastorten Liebesgaben auszuteilen. Sie gebrauchen hierzu eine persönliche, von der Militärbehörde ausgestellte Erlaubnis, auch müssen sie sich schriftlich verpflichten, sich allen Ordnungs- und Polizeimassnahmen, die diese Behörde anordnen sollte, zu fügen.

**Art. 16**

Die Auskunftstellen geniessen Portofreiheit. Briefe, Postanweisungen, Geldsendungen und Postpakete, die für die Kriegsgefangenen bestimmt sind oder von ihnen abgesandt werden, sind sowohl im Lande der Aufgabe als auch im Bestimmungsland und in den Zwischenländern von allen Postgebühren befreit.

Liebesgaben für Kriegsgefangene sind von allen Eingangszöllen und anderen Gebühren sowie von den Frachtkosten auf Staatseisenbahnen befreit.

**Art. 17**

Kriegsgefangene Offiziere können den ihnen in dieser Lage nach den Vorschriften ihres Landes zukommenden Sold erhalten; ihre Regierung hat ihn zurückzuerstatten.

**Art. 18**

Den Kriegsgefangenen wird in der Ausübung ihrer Religion und in der Teilnahme am Gottesdienste volle Freiheit gelassen, unter der einzigen Bedingung, dass sie sich den Ordnungs- und Polizeivorschriften der Militärbehörde fügen.

**Art. 19**

Für die Annahme oder Errichtung von Testamenten der Kriegsgefangenen gelten dieselben Bedingungen wie für die Militärpersonen des eigenen Heeres.

Das gleiche gilt für die Sterbeurkunden sowie für die Beerdigung von Kriegsgefangenen, wobei deren Dienstgrad und Rang zu berücksichtigen ist.

**Art. 20**

Nach dem Friedensschlusse sollen die Kriegsgefangenen binnen kürzester Frist in ihre Heimat entlassen werden.

**Drittes Kapitel:
Kranke und Verwundete**

**Art. 21**

Die Pflichten der Kriegsparteien in Ansehung der Pflege der Kranken und Verwundeten sind durch die Genfer Konvention vom 22. August 1864[6] festgesetzt, unter Vorbehalt der Abänderungen, denen diese etwa unterworfen wird.

**Zweiter Abschnitt:
Feindseligkeiten**[7]

**Erstes Kapitel: Mittel zur Schädigung des Feindes, Belagerungen und Beschiessungen**

**Art. 22**

Die Kriegsparteien haben kein unbeschränktes Recht in der Wahl der Mittel zur Schädigung des Feindes.

---

[6] [AS **VIII** 520 816. BS **11** 487 Art. 31 Abs. 1.] Diese Konventionen wurden ersetzt durch die Genfer Abk. vom 27. Juli 1929 und vom 12. Aug. 1949 zur Verbesserung des Loses der Verwundeten und Kranken der bewaffneten Kräfte im Felde (SR **0.518.11** und **0.518.12**).

[7] Das Genfer Abk. vom 12. Aug. 1949 über den Schutz von Zivilpersonen in Kriegszeiten (SR **0.518.51**) ergänzt diesen Abschnitt in den Beziehungen zwischen den vertragschliessenden Mächten (Art. 154 des erwähnten Abkommens).

## Art. 23

Abgesehen von den durch Sonderverträge aufgestellten Verboten, ist namentlich untersagt:

a. die Verwendung von Gift oder vergifteten Waffen,

b. die meuchlerische Tötung oder Verwundung von Angehörigen des feindlichen Staates oder des feindlichen Heeres,

c. die Tötung oder Verwundung eines die Waffen streckenden oder wehrlosen Feindes, der sich auf Gnade oder Ungnade ergibt,

d. die Erklärung, dass kein Pardon gegeben wird,

e. der Gebrauch von Waffen, Geschossen oder Stoffen, die geeignet sind, unnötigerweise Leiden zu verursachen,

f. der Missbrauch der Parlamentärflagge, der Nationalflagge oder der militärischen Abzeichen und der Uniform des Feindes sowie der besonderen Abzeichen der Genfer Konvention,

g. die Zerstörung oder Wegnahme feindlichen Eigentums, es sei denn, dass die Kriegsnotwendigkeit dies dringend verlangt.

## Art. 24

Kriegslisten und die Anwendung der notwendigen Mittel, um sich Nachrichten über den Gegner und das Gelände zu verschaffen, sind erlaubt.

## Art. 25

Es ist verboten, unverteidigte Städte, Dörfer, Wohnungen oder Gebäude anzugreifen oder zu beschiessen.

## Art. 26

Der Befehlshaber eines Belagerungsheers soll vor Beginn der Beschiessung, den Fall eines Sturmangriffs ausgenommen, alles tun, was in seinen Kräften steht, um die Ortsobrigkeit davon zu benachrichtigen.

## Art. 27

Bei Belagerungen und Beschiessungen sollen alle erforderlichen Massnahmen getroffen werden, um die dem Gottesdienste, der Kunst, der Wissenschaft und der Wohltätigkeit gewidmeten Gebäude sowie die Krankenhäuser und Sammelplätze für Kranke und Verwundete so viel als möglich zu schonen, vorausgesetzt, dass sie nicht gleichzeitig zu einem militärischen Zwecke Verwendung finden.

Pflicht der Belagerten ist es, diese Gebäude oder Sammelplätze mit besonderen sichtbaren Zeichen zu versehen und diese vorher dem Belagerer bekanntzugeben.

### Art. 28

Es ist verboten, Städte oder Ansiedelungen, selbst wenn sie im Sturme genommen sind, der Plünderung preiszugeben.

## Zweites Kapitel:
## Spione

### Art. 29

Spion ist, wer heimlich oder unter falschem Vorwande in dem Operationsgebiet einer Kriegspartei Nachrichten einzieht oder einzuziehen sucht in der Absicht, sie der Gegenpartei mitzuteilen.

Demgemäss sind Militärpersonen in Uniform, die in das Operationsgebiet des feindlichen Heeres eingedrungen sind, um sich Nachrichten zu verschaffen, nicht als Spione zu betrachten. Desgleichen gelten nicht als Spione: Militärpersonen und Nichtmilitärpersonen, die offen den ihnen erteilten Auftrag, Mitteilungen an ihr eigenes oder an das feindliche Heer zu überbringen, ausführen. Dahin gehören ebenfalls die Personen, die in Luftschiffen befördert werden, um Nachrichten zu überbringen oder um überhaupt Verbindungen zwischen den verschiedenen Teilen eines Heeres oder eines Gebiets aufrechtzuerhalten.

### Art. 30

Der auf frischer Tat ergriffene Spion kann nicht ohne vorausgegangenes Urteil bestraft werden.

### Art. 31

Ein Spion, der zu seinem Heere zurückgekehrt ist und später vom Feinde gefangen genommen wird, ist als Kriegsgefangener zu behandeln und kann für früher begangene Spionage nicht verantwortlich gemacht werden.

## Drittes Kapitel:
## Parlamentäre

### Art. 32

Parlamentär ist, wer von einer der Kriegsparteien bevollmächtig ist, in Unterhandlungen mit der andern Partei zu treten, und sich mit der weissen Fahne zeigt. Er ist unverletzlich, ebenso der ihn begleitende Trompeter, Hornist oder Trommler, Fahnenträger und Dolmetscher.

## Art. 33

Der Befehlshaber, zu dem ein Parlamentär gesandt wird, ist nicht verpflichtet, ihn unter allen Umständen zu empfangen.

Er kann alle Massregeln ergreifen, die erforderlich sind, um den Parlamentär zu verhindern, seine Sendung zur Einziehung von Nachrichten zu benutzen.

Er ist berechtigt, bei Missbrauch den Parlamentär zeitweilig zurückzuhalten.

## Art. 34

Der Parlamentär verliert sein Recht der Unverletzlichkeit, wenn der bestimmte, unwiderlegliche Beweis vorliegt, dass er seine bevorrechtigte Stellung dazu benutzt hat, um Verrat zu üben oder dazu anzustiften.

## Viertes Kapitel:
## Kapitulationen

## Art. 35

Die zwischen den verhandelnden Parteien vereinbarten Kapitulationen sollen den Forderungen der militärischen Ehre Rechnung tragen.

Einmal abgeschlossen, sollen sie von beiden Parteien gewissenhaft beobachtet werden.

## Fünftes Kapitel:
## Waffenstillstand

## Art. 36

Der Waffenstillstand unterbricht die Kriegsunternehmungen kraft eines wechselseitigen Übereinkommens der Kriegsparteien. Ist eine bestimmte Dauer nicht vereinbart worden, so können die Kriegsparteien jederzeit die Feindseligkeiten wieder aufnehmen, jedoch unter der Voraussetzung, dass der Feind, gemäss den Bedingungen des Waffenstillstandes, rechtzeitig benachrichtigt wird.

## Art. 37

Der Waffenstillstand kann ein allgemeiner oder ein örtlich begrenzter sein; der erstere unterbricht die Kriegsunternehmungen der kriegführenden Staaten allenthalben, der letztere nur für bestimmte Teile der kriegführenden Heere und innerhalb eines bestimmten Gebiets.

### Art. 38

Der Waffenstillstand muss in aller Form und rechtzeitig den zuständigen Behörden und den Truppen mitgeteilt werden. Sofort nach Mitteilung oder zu einem bestimmten Zeitpunkte sind die Feindseligkeiten einzustellen.

### Art. 39

Es ist Sache der vertragschliessenden Parteien, in den Bedingungen des Waffenstillstandes festzusetzen, welche Beziehungen sie auf dem Kriegsschauplatz mit den Bevölkerungen und diese miteinander unterhalten können.

### Art. 40

Jede schwere Verletzung der Bedingungen des Waffenstillstandes durch eine der Parteien gibt der andern das Recht, ihn zu kündigen, und in dringenden Fällen sogar das Recht, die Feindseligkeiten sofort wieder aufzunehmen.

### Art. 41

Die Verletzung der Bedingungen des Waffenstillstandes durch Privatpersonen, die aus eigenem Antriebe handeln, gibt nur das Recht, die Bestrafung der Schuldigen und gegebenen Falles eine Entschädigung für den erlittenen Schaden zu fordern.

## Dritter Abschnitt:
## Militärische Gewalt auf besetztem feindlichem Gebiete[8]

### Art. 42

Ein Gebiet gilt als besetzt, wenn es tatsächlich in der Gewalt des feindlichen Heeres steht.

Die Besetzung erstreckt sich nur auf die Gebiete, wo diese Gewalt hergestellt ist und ausgeübt werden kann.

### Art. 43

Nachdem die gesetzmässige Gewalt tatsächlich in die Hände des Besetzenden übergegangen ist, trifft dieser alle ihm zu Gebote stehenden Massnahmen, um nach Möglichkeit die öffentliche Ordnung und den regelmässigen Gang der öffentlichen Angelegenheiten wieder herzustellen und zu sichern. Dabei soll er, wenn nicht unüberwindliche Hindernisse entgegenstehen, die im Land geltenden Gesetze aufrechterhalten.

---

[8] Das Genfer Abk. vom 12. Aug. 1949 über den Schutz von Zivilpersonen in Kriegszeiten (SR **0.518.51**) ergänzt diesen Abschnitt in den Beziehungen zwischen den vertragschliessenden Mächten (Art. 154 des erwähnten Abkommens).

**Art. 44**

Es ist verboten, die Bevölkerung eines besetzten Gebietes zur Teilnahme an den Kriegsunternehmungen gegen ihr eigenes Land zu zwingen.

**Art. 45**

Es ist verboten, die Bevölkerung eines besetzten Gebietes zu zwingen, der feindlichen Macht den Treueid zu leisten.

**Art. 46**

Die Ehre und die Rechte der Familie, das Leben der Bürger, das Privateigentum, die religiösen Überzeugungen und die gottesdienstlichen Handlungen sollen geachtet werden.

Das Privateigentum darf nicht eingezogen werden.

**Art. 47**

Die Plünderung ist ausdrücklich verboten.

**Art. 48**

Wenn die Kriegspartei in dem besetzten Gebiete die zugunsten des Staates bestehenden Steuern, Zölle und Abgaben erhebt, so soll sie es möglichst nach Massgabe der für ihre Erhebung und Verteilung geltenden Vorschriften tun; es erwächst hiermit für sie die Verpflichtung, die Kosten der Verwaltung des besetzten Gebiets in demselben Umfange zu tragen, wie die gesetzmässige Regierung hierzu verpflichtet war.

**Art. 49**

Wenn der Besetzende ausser den im vorstehenden Artikel erwähnten Abgaben andere Auflagen in Geld in dem besetzten Gebiet erhebt, so darf dies nur zur Deckung der Bedürfnisse des Heeres oder der Verwaltung dieses Gebiets geschehen.

**Art. 50**

Keine Strafe in Geld oder anderer Art darf über eine ganze Bevölkerung wegen der Handlungen Einzelner verhängt werden, für welche die Gesamtheit nicht als verantwortlich angesehen werden kann.

**Art. 51**

Zwangsauflagen können nur auf Grund eines schriftlichen Befehls und unter der Verantwortlichkeit eines selbständig kommandierenden Generals erhoben werden.

Die Erhebung soll soviel als möglich unter Beobachtung der für die Festsetzung und Verteilung der Steuern geltenden Vorschriften erfolgen.

Über jede Zwangsleistung erhalten die Beitragspflichtigen eine Empfangsbescheinigung.

### Art. 52

Naturalleistungen und Dienstleistungen können von Gemeinden oder Einwohnern nur für die Bedürfnisse des Besetzungsheers gefordert werden. Sie müssen im Verhältnisse zu den Hilfsquellen des Landes stehen und dürfen für die Bevölkerung nicht die Verpflichtung enthalten, an Kriegsunternehmungen gegen ihr Vaterland teilzunehmen.

Derartige Natural- und Dienstleistungen können nur mit der Ermächtigung des Befehlshabers des besetzten Gebiets verlangt werden.

Naturalleistungen sind soviel als möglich bar zu bezahlen; andernfalls sind dafür Empfangsbescheinigungen auszustellen.

### Art. 53

Das Besetzungsheer kann nur mit Beschlag belegen: das Bargeld und die Wertbestände des Staates sowie die dem Staate zustehenden eintreibbaren Forderungen, die Waffenniederlagen, Beförderungsmittel, Vorratshäuser und Lebensmittelvorräte sowie überhaupt alles dem Staate gehörende bewegliche Eigentum, das geeignet erscheint, den Kriegsunternehmungen zu dienen.

Das Eisenbahnmaterial, die Landtelegrafen, die Fernsprechanlagen, die Dampfschiffe und andere Fahrzeuge – soweit hier nicht die Vorschriften des Seerechts Platz greifen – die Waffenniederlagen und überhaupt jede Art Kriegsmunition, auch dann, wenn all dies Gesellschaften oder Privatpersonen gehört, sind ebenfalls ihrer Natur nach Mittel, die den Kriegsunternehmungen dienen; sie müssen aber wieder zurückerstattet werden. Die Entschädigungsfrage wird bei Abschluss des Friedens geregelt.

### Art. 54

Das Eisenbahnmaterial, das aus neutralen Staaten kommt, gehöre es diesen selbst oder Gesellschaften oder Privatpersonen, soll ihnen sobald als möglich zurückgesandt werden.

### Art. 55

Der Staat, von dem die Besetzung ausgeht, betrachtet sich nur als Verwalter und Nutzniesser der öffentlichen Gebäude, Liegenschaften, Wälder und landwirtschaftlichen Anlagen, die dem feindlichen Staate gehören und in dem besetzten Gebiete liegen. Er ist verpflichtet, den Grundstock dieser Güter zu schützen und sie nach den Regeln des Niessbrauchs zu verwalten.

### Art. 56

Das Eigentum der Gemeinden und der dem Gottesdienste, der Wohltätigkeit, dem Unterrichte, der Kunst und Wissenschaft gewidmeten Anstalten, auch wenn diese dem Staate gehören, ist als Privateigentum zu behandeln.

Jede absichtliche Entfernung, Zerstörung oder Beschädigung von derartigen Gebäuden, von geschichtlichen Denkmälern oder von Werken der Kunst und Wissenschaft ist verboten und muss geahndet werden.

## Vierter Abschnitt:
## Bei Neutralen internierte Kriegführende und in Pflege befindliche Verwundete[9]

### Art. 57

Der neutrale Staat, auf dessen Gebiet Truppen der kriegführenden Heere übertreten, muss sie möglichst weit vom Kriegsschauplatz unterbringen.

Er kann sie in Lagern verwahren und sie auch in Festungen oder in anderen zu diesem Zwecke geeigneten Orten einschliessen.

Es hängt von seiner Entscheidung ab, ob Offiziere, die sich auf Ehrenwort verpflichten, das neutrale Gebiet nicht ohne Erlaubnis zu verlassen, freigelassen werden können.

### Art. 58

Mangels besonderer Vereinbarung hat der neutrale Staat den Internierten Nahrung, Kleidung und die durch die Menschlichkeit gebotenen Hilfsmittel zu gewähren.

Die durch die Internierung verursachten Kosten sind nach dem Friedensschluss zu ersetzen.

### Art. 59

Der neutrale Staat kann den Durchzug von Verwundeten oder Kranken der kriegführenden Heere durch sein Gebiet gestatten, jedoch unter dem Vorbehalte, dass die zur Beförderung benutzten Züge weder Kriegspersonal noch Kriegsmaterial mit sich führen. Der neutrale Staat ist in solchen Fällen verpflichtet, die erforderlichen Sicherheits- und Aufsichtsmassregeln zu treffen.

Die von einer der Kriegsparteien auf neutrales Gebiet verbrachten, der Gegenpartei angehörenden Verwundeten oder Kranken sind von dem neutralen Staate so zu bewachen, dass sie nicht von neuem an den Kriegsunternehmungen teilnehmen können. Der neutrale Staat hat gegenüber den ihm anvertrauten Verwundeten oder Kranken des anderen Heeres die gleichen Verpflichtungen.

---

[9] Siehe auch das Abk. vom 18. Okt. 1907 betreffend die Rechte und Pflichten der neutralen Mächte und Personen im Falle eines Landkriegs (SR **0.515.21**).

## Art. 60

Die Genfer Konvention gilt auch für die im neutralen Gebiet untergebrachten Kranken und Verwundeten.

### Geltungsbereich der Übereinkunft am 1. April 1981

Gemäss Art.4 des Abkommens vom 18. Oktober 1907 (SR *0.515.112*) bleibt die Schweiz an dieses Abkommen gebunden in den Beziehungen zu folgenden Staaten:

| Vertragsstaaten | Ratifikation oder Beitritt Bestätigung (Best) | | Inkrafttreten |
|---|---|---|---|
| Argentinien | 17. Juni | 1907 | |
| Bulgarien | 4 September | 1900 | |
| Chile | 19. Juni | 1907 | |
| Dominikanische Republik | 13. April | 1907 | |
| Ecuador | 31. Juli | 1907 | |
| Griechenland | 4. April | 1901 | |
| Honduras | 21. August | 1906 | |
| Iran | 4. September | 1900 | |
| Italien | 4. September | 1900 | |
| Jugoslawien | 27. März | 1969 | Best 1.Dezember 1918 |
| Kolumbien | 30. Januar | 1907 | |
| Korea | 17. März | 1903 | |
| Paraguay | 12. April | 1907 | |
| Peru | 24. November | 1903 | |
| Spanien | 4. September | 1900 | |
| Türkei | 12. Juni | 1907 | |
| Uruguay | 21. Juni | 1906 | |
| Venezuela | 1. März | 1907 | |

# Abkommen betreffend die Gesetze und Gebräuche des Landkriegs[2]

Abgeschlossen in Den Haag am 18. Oktober 1907

*Seine Majestät der Deutsche Kaiser, König von Preussen; der Präsident der Vereinigten Staaten von Amerika; der Präsident der Argentinischen Republik; Seine Majestät der Kaiser von Österreich, König von Böhmen usw., und Apostolischer König von Ungarn; Seine Majestät der König der Belgier; der Präsident der Republik Bolivien; der Präsident der Republik der Vereinigten Staaten von Brasilien; Seine Königliche Hoheit der Fürst von Bulgarien; der Präsident der Republik Chile; der Präsident der Republik Kolumbien; der einstweilige Gouverneur der Republik Kuba; Seine Majestät der König von Dänemark; der Präsident der Dominikanischen Republik; der Präsident der Republik Ecuador; der Präsident der Französischen Republik; Seine Majestät der König des Vereinigten Königreichs von Grossbritannien und Irland und der Britischen überseeischen Lande, Kaiser von Indien; Seine Majestät der König der Hellenen; der Präsident der Republik Guatemala; der Präsident der Repbulik Haiti; Seine Majestät der König von Italien; Seine Majestät der Kaiser von Japan; Seine Königliche Hoheit der Grossherzog von Luxemburg, Herzog zu Nassau; der Präsident der Vereinigten Staaten von Mexiko; Seine Königliche Hoheit der Fürst von Montenegro; Seine Majestät der König von Norwegen; der Präsident der Republik Panama; der Präsident der Republik Paraguay; Ihre Majestät die Königin der Niederlande; der Präsident der Republik Peru; Seine Kaiserliche Majestät der Schah von Persien; Seine Majestät der König von Portugal und Algarbien usw.; Seine Majestät der König von Rumänien; Seine Majestät der Kaiser aller Reussen; der Präsident der Republik Salvador; Seine Majestät der König von Serbien; Seine Majestät der König von Siam; Seine Majestät der König von Schweden; der Schweizerische Bundesrat; Seine Majestät der Kaiser der Osmanen; der Präsident des Orientalischen Freistaats Uruguay; der Präsident der Vereinigten Staaten von Venezuela,*

in der Erwägung, dass bei allem Bemühen, Mittel zu suchen, um den Frieden zu sichern und bewaffnete Streitigkeiten zwischen den Völkern zu verhüten, es doch

---

BS **11** 409; BBl **1909** I 1

1  Der Originaltext findet sich unter der gleichen Nummer in der französischen Ausgabe dieser Sammlung.
2  Sogenanntes IV. Abkommen der Haager Friedenskonferenz von 1907. Die Schlussakte dieser Konferenz siehe in SR **0.193.212** am Schluss.
3  BS **11** 229

von Wichtigkeit ist, den Fall ins Auge zu fassen, wo ein Ruf zu den Waffen durch Ereignisse herbeigeführt wird, die ihre Fürsorge nicht hat abwenden können,

von dem Wunsche beseelt, selbst in diesem äussersten Falle den Interessen der Menschlichkeit und den sich immer steigernden Forderungen der Zivilisation zu dienen,

in der Meinung, dass es zu diesem Zweck von Bedeutung ist, die allgemeinen Gesetze und Gebräuche des Krieges einer Durchsicht zu unterziehen, sei es, um sie näher zu bestimmen, sei es, um ihnen gewisse Grenzen zu ziehen, damit sie soviel wie möglich von ihrer Schärfe verlieren,

haben eine Vervollständigung und in gewissen Punkten eine bestimmtere Fassung des Werkes der ersten Friedenskonferenz für nötig befunden, die im Anschluss an die Brüsseler Konferenz von 1874, ausgehend von diesen durch eine weise und hochherzige Fürsorge eingegebenen Gedanken, Bestimmungen zur Feststellung und Regelung der Gebräuche des Landkriegs angenommen hat.

Nach der Auffassung der hohen vertragschliessenden Teile sollen diese Bestimmungen, deren Abfassung durch den Wunsch angeregt wurde, die Leiden des Krieges zu mildern, soweit es die militärischen Interessen gestatten, den Kriegführenden als allgemeine Richtschnur für ihr Verhalten in den Beziehungen untereinander und mit der Bevölkerung dienen.

Es war indessen nicht möglich, sich schon jetzt über Bestimmungen zu einigen, die sich auf alle in der Praxis vorkommenden Fälle erstrecken.

Andererseits konnte es nicht in der Absicht der hohen vertragschliessenden Teile liegen, dass die nicht vorgesehenen Fälle in Ermangelung einer schriftlichen Abrede der willkürlichen Beurteilung der militärischen Befehlshaber überlassen bleiben.

In der Erwartung, dass später ein vollständigeres Kriegsgesetzbuch festgestellt werden könne, halten es die hohen vertragschliessenden Teile für zweckmässig, festzusetzen, dass in den Fällen, die in den Bestimmungen der von ihnen angenommenen Ordnung nicht einbegriffen sind, die Bevölkerung und die Kriegführenden unter dem Schutze und der Herrschaft der Grundsätze des Völkerrechts bleiben, wie sie sich ergeben aus den unter gesitteten Völkern feststehenden Gebräuchen, aus den Gesetzen der Menschlichkeit und aus den Forderungen des öffentlichen Gewissens.

Sie erklären, dass namentlich die Artikel 1 und 2 der angenommenen Ordnung in diesem Sinne zu verstehen sind.

Die hohen vertragschliessenden Teile, die hierüber ein neues Abkommen abzuschliessen wünschen, haben zu ihren Bevollmächtigten ernannt:

*(Es folgen die Namen der Bevollmächtigten)*

welche, nachdem sie ihre Vollmachten hinterlegt und diese in guter und gehöriger Form befunden haben, über folgende Bestimmungen übereingekommen sind:

Art. 1

Die Vertragsmächte werden ihren Landheeren Verhaltungsmassregeln geben, welche der dem vorliegenden Abkommen beigefügten Ordnung der Gesetze und Gebräuche des Landkriegs entsprechen.

Art. 2

Die Bestimmungen der im Artikel 1 angeführten Ordnung sowie des vorliegenden Abkommens finden nur zwischen den Vertragsmächten Anwendung und nur dann, wenn die Kriegführenden sämtlich Vertragsparteien sind.

Art. 3

Die Kriegspartei, welche die Bestimmungen der bezeichneten Ordnung verletzen sollte, ist gegebenen Falles zum Schadenersatze verpflichtet. Sie ist für alle Handlungen verantwortlich, die von den zu ihrer bewaffneten Macht gehörenden Personen begangen werden.

Art. 4

Dieses Abkommen tritt nach seiner Ratifikation für die Beziehungen zwischen den Vertragsmächten an die Stelle des Abkommens vom 29. Juli 1899[4] betreffend die Gesetze und Gebräuche des Landkriegs.

Das Abkommen von 1899 bleibt in Kraft für die Beziehungen zwischen den Mächten, die es unterzeichnet haben, die aber das vorliegende Abkommen nicht gleichermassen ratifizieren sollten.

Art. 5

Dieses Abkommen soll möglichst bald ratifiziert werden.

Die Ratifikationsurkunden sollen in Den Haag hinterlegt werden.

Die erste Hinterlegung von Ratifikationsurkunden wird durch ein Protokoll festgestellt, das von den Vertretern der daran teilnehmenden Mächte und von dem niederländischen Minister der auswärtigen Angelegenheiten unterzeichnet wird.

Die späteren Hinterlegungen von Ratifikationsurkunden erfolgen mittels einer schriftlichen, an die Regierung der Niederlande gerichteten Anzeige, der die Ratifikationsurkunde beizufügen ist.

Beglaubigte Abschrift des Protokolls über die erste Hinterlegung von Ratifikationsurkunden, der im vorstehenden Absatz erwähnten Anzeigen sowie der Ratifikationsurkunden wird durch die Regierung der Niederlande unverzüglich den zur zweiten Friedenskonferenz eingeladenen Mächten sowie den anderen Mächten, die dem Abkommen beigetreten sind, auf diplomatischem Wege mitgeteilt werden. In den Fällen des vorstehenden Absatzes wird die bezeichnete Regierung ihnen zugleich bekanntgeben, an welchem Tage sie die Anzeige erhalten hat.

---

[4] SR **0.515.111**

## Art. 6

Die Mächte, die nicht unterzeichnet haben, können diesem Abkommen später beitreten.

Die Macht, die beizutreten wünscht, hat ihre Absicht der Regierung der Niederlande schriftlich anzuzeigen und ihr dabei die Beitrittsurkunde zu übersenden, die im Archive der bezeichneten Regierung hinterlegt werden wird.

Diese Regierung wird unverzüglich allen anderen Mächten beglaubigte Abschrift der Anzeige wie der Beitrittsurkunde übersenden und zugleich angeben, an welchem Tage sie die Anzeige erhalten hat.

## Art. 7

Dieses Abkommen wird wirksam für die Mächte, die an der ersten Hinterlegung von Ratifikationsurkunden teilgenommen haben, sechzig Tage nach dem Tage, an dem das Protokoll über diese Hinterlegung aufgenommen worden ist, und für die später ratifizierenden oder beitretenden Mächte sechzig Tage, nachdem die Regierung der Niederlande die Anzeige von ihrer Ratifikation oder von ihrem Beitritt erhalten hat.

## Art. 8

Sollte eine der Vertragsmächte dieses Abkommen kündigen wollen, so soll die Kündigung schriftlich der Regierung der Niederlande erklärt werden, die unverzüglich beglaubigte Abschrift der Erklärung allen anderen Mächten mitteilt und ihnen zugleich bekanntgibt, an welchem Tage sie die Erklärung erhalten hat.

Die Kündigung soll nur in Ansehung der Macht wirksam sein, die sie erklärt hat, und erst ein Jahr, nachdem die Erklärung bei der Regierung der Niederlande eingegangen ist.

## Art. 9

Ein im niederländischen Ministerium der auswärtigen Angelegenheiten geführtes Register soll den Tag der gemäss Artikel 5 Absätze 3 und 4 erfolgten Hinterlegung von Ratifikationsurkunden angeben sowie den Tag, an dem die Anzeigen von dem Beitritt (Artikel 6 Absatz 2) oder von der Kündigung (Artikel 8 Absatz 1) eingegangen sind.

Jede Vertragsmacht hat das Recht, von diesem Register Kenntnis zu nehmen und beglaubigte Auszüge daraus zu verlangen.

*Zu Urkund dessen* haben die Bevollmächtigten dieses Abkommen mit ihren Unterschriften versehen.

Geschehen in Den Haag, am achtzehnten Oktober neunzehnhundertsieben in einer einzigen Ausfertigung, die im Archive der Regierung der Niederlande hinterlegt bleiben soll und wovon beglaubigte Abschriften den zu der zweiten Friedenskonferenz eingeladenen Mächten auf diplomatischem Wege übergeben werden sollen.

*Anlage*

**Ordnung
der Gesetze und Gebräuche des Landkriegs
I. Abschnitt
Kriegführende
I. Kapitel
Begriff des Kriegführenden**

**Art. 1**

Die Gesetze, die Rechte und die Pflichten des Krieges gelten nicht nur für das Heer, sondern auch für die Milizen und Freiwilligenkorps, wenn sie folgende Bedingungen erfüllen:

1. wenn jemand an ihrer Spitze steht, der für seine Untergebenen verantwortlich ist,
2. wenn sie ein festes, aus der Ferne erkennbares Abzeichen tragen,
3. wenn sie die Waffen offen führen und
4. wenn sie bei ihren Unternehmungen die Gesetze und Gebräuche des Krieges beobachten.

In den Ländern, wo Milizen oder Freiwilligenkorps das Heer oder einen Bestandteil des Heeres bilden, sind diese unter der Bezeichnung «Heer» inbegriffen.

**Art. 2**

Die Bevölkerung eines nicht besetzten Gebiets, die beim Herannahen des Feindes aus eigenem Antriebe zu den Waffen greift, um die eindringenden Truppen zu bekämpfen, ohne Zeit gehabt zu haben, sich nach Artikel 1 zu organisieren, wird als kriegführend betrachtet, wenn sie die Waffen offen führt und die Gesetze und Gebräuche des Krieges beobachtet.

**Art. 3**

Die bewaffnete Macht der Kriegsparteien kann sich zusammensetzen aus Kombattanten und Nichtkombattanten. Im Falle der Gefangennahme durch den Feind haben die einen wie die anderen Anspruch auf Behandlung als Kriegsgefangene.

## II. Kapitel
## Kriegsgefangene[5]

**Art. 4**

Die Kriegsgefangenen unterstehen der Gewalt der feindlichen Regierung, aber nicht der Gewalt der Personen oder der Korps, die sie gefangengenommen haben.

Sie sollen mit Menschlichkeit behandelt werden.

Alles, was ihnen persönlich gehört, verbleibt ihr Eigentum mit Ausnahme von Waffen, Pferden und Schriftstücken militärischen Inhalts.

**Art. 5**

Die Kriegsgefangenen können in Städten, Festungen, Lagern oder an anderen Orten untergebracht werden mit der Verpflichtung, sich nicht über eine bestimmte Grenze hinaus zu entfernen; dagegen ist ihre Einschliessung nur statthaft als unerlässliche Sicherungsmassregel und nur während der Dauer der diese Massregel notwendig machenden Umstände.

**Art. 6**

Der Staat ist befugt, die Kriegsgefangenen, mit Ausnahme der Offiziere, nach ihrem Dienstgrad und nach ihren Fähigkeiten als Arbeiter zu verwenden. Diese Arbeiten dürfen nicht übermässig sein und in keiner Beziehung zu den Kriegsunternehrnungen stehen.

Den Kriegsgefangenen kann gestattet werden, Arbeiten für öffentliche Verwaltungen oder für Privatpersonen oder für ihre eigene Rechnung auszuführen.

Arbeiten für den Staat werden nach den Sätzen bezahlt, die für Militärpersonen des eigenen Heeres bei Ausführung der gleichen Arbeiten gelten, oder, falls solche Sätze nicht bestehen, nach einem Satze, wie er den geleisteten Arbeiten entspricht.

Werden die Arbeiten für Rechnung anderer öffentlicher Verwaltungen oder für Privatpersonen ausgeführt, so werden die Bedingungen im Einverständnisse mit der Militärbehörde festgestellt.

Der Verdienst der Kriegsgefangenen soll zur Besserung ihrer Lage verwendet und der Überschuss nach Abzug der Unterhaltungskosten ihnen bei der Freilassung ausgezahlt werden.

**Art. 7**

Die Regierung, in deren Gewalt sich die Kriegsgefangenen befinden, hat für ihren Unterhalt zu sorgen.

---

[5] Die Genfer Abkommen von 1929 (SR **0.518.41** Art. 89) und von 1949 (SR **0.518.42** Art. 135) über die Behandlung der Kriegsgefangenen ergänzen dieses Kapitel in den Beziehungen zwischen den vertragschliessenden Mächten.

In Ermangelung einer besonderen Verständigung zwischen den Kriegführenden sind die Kriegsgefangenen in Beziehung auf Nahrung, Unterkunft und Kleidung auf demselben Fusse zu behandeln wie die Truppen der Regierung, die sie gefangengenommen hat.

**Art. 8**

Die Kriegsgefangenen unterstehen den Gesetzen, Vorschriften und Befehlen, die in dem Heere des Staates gelten, in dessen Gewalt sie sich befinden. Jede Unbotmässigkeit kann mit der erforderlichen Strenge geahndet werden.

Entwichene Kriegsgefangene, die wieder ergriffen werden, bevor es ihnen gelungen ist, ihr Heer zu erreichen, oder bevor sie das Gebiet verlassen haben, das von den Truppen, welche sie gefangengenommen hatten, besetzt ist, unterliegen disziplinarischer Bestrafung.

Kriegsgefangene, die nach gelungener Flucht von neuem gefangengenommen werden, können für die frühere Flucht nicht bestraft werden.

**Art. 9**

Jeder Kriegsgefangene ist verpflichtet, auf Befragen seinen wahren Namen und Dienstgrad anzugeben; handelt er gegen diese Vorschrift, so können ihm die Vergünstigungen, die den Kriegsgefangenen seiner Klasse zustehen, entzogen werden.

**Art. 10**

Kriegsgefangene können gegen Ehrenwort freigelassen werden, wenn die Gesetze ihres Landes sie dazu ermächtigen; sie sind alsdann bei ihrer persönlichen Ehre verbunden, die übernommenen Verpflichtungen sowohl ihrer eigenen Regierung als auch dem Staate gegenüber, der sie zu Kriegsgefangenen gemacht hat, gewissenhaft zu erfüllen.

Ihre Regierung ist in solchem Falle verpflichtet, keinerlei Dienste zu verlangen oder anzunehmen, die dem gegebenen Ehrenwort widersprechen.

**Art. 11**

Ein Kriegsgefangener kann nicht gezwungen werden, seine Freilassung gegen Ehrenwort anzunehmen; ebensowenig ist die feindliche Regierung verpflichtet, dem Antrag eines Kriegsgefangenen auf Entlassung gegen Ehrenwort zu entsprechen.

**Art. 12**

Jeder gegen Ehrenwort entlassene Kriegsgefangene, der gegen den Staat, dem gegenüber er die Ehrenverpflichtung eingegangen ist, oder gegen dessen Verbündete die Waffen trägt und wieder ergriffen wird, verliert das Recht der Behandlung als Kriegsgefangener und kann vor Gericht gestellt werden.

**Art. 13**

Personen, die einem Heere folgen, ohne ihm unmittelbar anzugehören, wie Kriegskorrespondenten, Zeitungsberichterstatter, Marketender und Lieferanten, haben, wenn sie in die Hand des Feindes geraten und diesem ihre Festhaltung zweckmässig erscheint, das Recht auf Behandlung als Kriegsgefangene, vorausgesetzt, dass sie sich im Besitz eines Ausweises der Militärbehörde des Heeres befinden, das sie begleiteten.

**Art. 14**

Beim Ausbruch der Feindseligkeiten wird in jedem der kriegführenden Staaten und eintretenden Falles in den neutralen Staaten, die Angehörige eines der Kriegführenden in ihr Gebiet aufgenommen haben, eine Auskunftstelle über die Kriegsgefangenen errichtet. Diese ist berufen, alle die Kriegsgefangenen betreffenden Anfragen zu beantworten, und erhält von den zuständigen Dienststellen alle Angaben über die Unterbringung und deren Wechsel, über Freilassungen gegen Ehrenwort, über Austausch, über Entweichungen, über Aufnahme in die Hospitäler und über Sterbefälle sowie sonstige Auskünfte, die nötig sind, um über jeden Kriegsgefangenen ein Personalblatt anzulegen und auf dem laufenden zu erhalten. Die Auskunftstelle verzeichnet auf diesem Personalblatte die Matrikelnummer, den Vor- und Zunamen, das Alter, den Heimatort, den Dienstgrad, den Truppenteil, die Verwundungen, den Tag und Ort der Gefangennahme, der Unterbringung, der Verwundungen und des Todes sowie alle besonderen Bemerkungen. Das Personalblatt wird nach dem Friedensschlusse der Regierung des anderen Kriegführenden übermittelt.

Die Auskunftstelle sammelt ferner alle zum persönlichen Gebrauche dienenden Gegenstände, Wertsachen, Briefe usw., die auf den Schlachtfeldern gefunden oder von den gegen Ehrenwort entlassenen, ausgetauschten, entwichenen oder in Hospitälern oder Feldlazaretten gestorbenen Kriegsgefangenen hinterlassen werden, und stellt sie den Berechtigten zu.

**Art. 15**

Die Hilfsgesellschaften für Kriegsgefangene, die ordnungsmässig nach den Gesetzen ihres Landes gebildet worden sind und den Zweck verfolgen, die Vermittler der mildtätigen Nächstenhilfe zu sein, erhalten von den Kriegführenden für sich und ihre ordnungsmässig beglaubigten Agenten jede Erleichterung innerhalb der durch die militärischen Notwendigkeiten und die Verwaltungsvorschriften gezogenen Grenzen, um ihre menschenfreundlichen Bestrebungen wirksam ausführen zu können. Den Delegierten dieser Gesellschaften kann auf Grund einer ihnen persönlich von der Militärbehörde erteilten Erlaubnis und gegen die schriftliche Verpflichtung, sich allen von dieser etwa erlassenen Ordnungs- und Polizeivorschriften zu fügen, gestattet werden, an den Unterbringungsstellen sowie an den Rastorten der in die Heimat zurückkehrenden Gefangenen Liebesgaben zu verteilen.

### Art. 16

Die Auskunftstellen geniessen Portofreiheit. Briefe, Postanweisungen, Geldsendungen und Postpakete, die für die Kriegsgefangenen bestimmt sind oder von ihnen abgesandt werden, sind sowohl im Land der Aufgabe als auch im Bestimmungsland und in den Zwischenländern von allen Postgebühren befreit.

Die als Liebesgaben und Beihilfen für Kriegsgefangene bestimmten Gegenstände sind von allen Eingangszöllen und anderen Gebühren sowie von den Frachtkosten auf Staatseisenbahnen befreit.

### Art. 17

Die gefangenen Offiziere erhalten dieselbe Besoldung, wie sie den Offizieren gleichen Dienstgrades in dem Lande zusteht, wo sie gefangen gehalten werden; ihre Regierung ist zur Erstattung verpflichtet.

### Art. 18

Den Kriegsgefangenen wird in der Ausübung ihrer Religion mit Einschluss der Teilnahme am Gottesdienst volle Freiheit gelassen unter der einzigen Bedingung, dass sie sich den Ordnungs- und Polizeivorschriften der Militärbehörden fügen.

### Art. 19

Die Testamente der Kriegsgefangenen werden unter denselben Bedingungen entgegengenommen oder errichtet wie die der Militärpersonen des eigenen Heeres.

Das gleiche gilt für die Sterbeurkunden sowie für die Beerdigung von Kriegsgefangenen, wobei deren Dienstgrad und Rang zu berücksichtigen ist.

### Art. 20

Nach dem Friedensschlusse sollen die Kriegsgefangenen binnen kürzester Frist in ihre Heimat entlassen werden.

## III. Kapitel
## Kranke und Verwundete

### Art. 21

Die Pflichten der Kriegführenden in Ansehung der Behandlung von Kranken und Verwundeten bestimmen sich nach dem Genfer Abkommen.

## II. Abschnitt
## Feindseligkeiten[6]
### 1. Kapitel
### Mittel zur Schädigung des Feindes, Belagerungen und Beschiessungen

**Art. 22**

Die Kriegführenden haben kein unbeschränktes Recht in der Wahl der Mittel zur Schädigung des Feindes.

**Art. 23**

Abgesehen von den durch Sonderverträge aufgestellten Verboten, ist namentlich untersagt:

a) die Verwendung von Gift oder vergifteten Waffen,

b) die meuchlerische Tötung oder Verwundung von Angehörigen des feindlichen Volkes oder Heeres,

c) die Tötung oder Verwundung eines die Waffen streckenden oder wehrlosen Feindes, der sich auf Gnade oder Ungnade ergeben hat,

d) die Erklärung, dass kein Pardon gegeben wird,

e) der Gebrauch von Waffen, Geschossen oder Stoffen, die geeignet sind, unnötige Leiden zu verursachen,

f) der Missbrauch der Parlamentärflagge, der Nationalflagge oder der militärischen Abzeichen oder der Uniform des Feindes sowie der besonderen Abzeichen des Genfer Abkommens,

g) die Zerstörung oder Wegnahme feindlichen Eigentums ausser in den Fällen, wo diese Zerstörung oder Wegnahme durch die Notwendigkeiten des Krieges dringend erheischt wird,

h) die Aufhebung oder zeitweilige Ausserkraftsetzung der Rechte und Forderungen von Angehörigen der Gegenpartei oder die Ausschliessung ihrer Klagbarkeit.

Den Kriegführenden ist ebenfalls untersagt, Angehörige der Gegenpartei zur Teilnahme an den Kriegsunternehmungen gegen ihr Land zu zwingen; dies gilt auch für den Fall, dass sie vor Ausbruch des Krieges angeworben waren.

**Art. 24**

Kriegslisten und die Anwendung der notwendigen Mittel, um sich Nachrichten über den Gegner und das Gelände zu verschaffen, sind erlaubt.

---

[6] Das Genfer Abk. vom 12. Aug. 1949 über den Schutz von Zivilpersonen in Kriegszeiten (SR **0.518.51**) ergänzt diesen Abschnitt in den Beziehungen zwischen den vertragschliessenden Mächten (Art. 154 des erwähnten Abkommens).

**Art. 25**

Es ist untersagt, unverteidigte Städte, Dörfer, Wohnstätten oder Gebäude, mit welchen Mitteln es auch sei, anzugreifen oder zu beschiessen.

**Art. 26**

Der Befehlshaber einer angreifenden Truppe soll vor Beginn der Beschiessung, den Fall eines Sturmangriffes ausgenommen, alles, was an ihm liegt, tun, um die Behörden davon zu benachrichtigen.

**Art. 27**

Bei Belagerungen und Beschiessungen sollen alle erforderlichen Vorkehrungen getroffen werden, um die dem Gottesdienste, der Kunst, der Wissenschaft und der Wohltätigkeit gewidmeten Gebäude, die geschichtlichen Denkmäler, die Hospitäler und Sammelplätze für Kranke und Verwundete soviel wie möglich zu schonen, vorausgesetzt, dass sie nicht gleichzeitig zu einem militärischen Zwecke Verwendung finden.

Pflicht der Belagerten ist es, diese Gebäude oder Sammelplätze mit deutlichen besonderen Zeichen zu versehen und diese dem Belagerer vorher bekanntzugeben.

**Art. 28**

Es ist untersagt, Städte oder Ansiedlungen, selbst wenn sie im Sturme genommen sind, der Plünderung preiszugeben.

## II. Kapitel
## Spione

**Art. 29**

Als Spion gilt nur, wer heimlich oder unter falschem Vorwand in dem Operationsgebiet eines Kriegführenden Nachrichten einzieht oder einzuziehen sucht in der Absicht, sie der Gegenpartei mitzuteilen.

Demgemäss sind Militärpersonen in Uniform, die in das Operationsgebiet des feindlichen Heeres eingedrungen sind, um sich Nachrichten zu verschaffen, nicht als Spione zu betrachten. Desgleichen gelten nicht als Spione: Militärpersonen und Nichtmilitärpersonen, die den ihnen erteilten Auftrag, Mitteilungen an ihr eigenes oder an das feindliche Heer zu überbringen, offen ausführen. Dahin gehören ebenfalls Personen, die in Luftschiffen befördert werden, um Mitteilungen zu überbringen oder um überhaupt Verbindungen zwischen den verschiedenen Teilen eines Heeres oder eines Gebiets aufrechtzuerhalten.

### Art. 30
Der auf der Tat ertappte Spion darf nicht ohne vorausgegangenes Urteil bestraft werden.

### Art. 31
Ein Spion, welcher zu dem Heere, dem er angehört, zurückgekehrt ist und später vom Feinde gefangen genommen wird, ist als Kriegsgefangener zu betrachten und kann für früher begangene Spionage nicht verantwortlich gemacht werden.

## III. Kapitel
## Parlamentäre

### Art. 32
Als Parlamentär gilt, wer von einem der Kriegführenden bevollmächtigt ist, mit dem anderen in Unterhandlungen zu treten, und sich mit der weissen Fahne zeigt. Er hat Anspruch auf Unverletzlichkeit, ebenso der ihn begleitende Trompeter, Hornist oder Trommler, Fahnenträger und Dolmetscher.

### Art. 33
Der Befehlshaber, zu dem ein Parlamentär gesandt wird, ist nicht verpflichtet, ihn unter allen Umständen zu empfangen.

Er kann alle erforderlichen Massregeln ergreifen, um den Parlamentär zu verhindern, seine Sendung zur Einziehung von Nachrichten zu benutzen.

Er ist berechtigt, bei vorkommendem Missbrauch den Parlamentär zeitweilig zurückzuhalten.

### Art. 34
Der Parlamentär verliert seinen Anspruch auf Unverletzlichkeit, wenn der bestimmte, unwiderlegbare Beweis vorliegt, dass er seine bevorrechtigte Stellung dazu benutzt hat, um Verrat zu üben oder dazu anzustiften.

## IV. Kapitel
## Kapitulationen

### Art. 35
Die zwischen den abschliessenden Parteien vereinbarten Kapitulationen sollen den Forderungen der militärischen Ehre Rechnung tragen.

Einmal abgeschlossen, sollen sie von beiden Parteien gewissenhaft beobachtet werden.

# V. Kapitel: Waffenstillstand

**Art. 36**

Der Waffenstillstand unterbricht die Kriegsunternehmungen kraft eines wechselseitigen Übereinkommens der Kriegsparteien. Ist eine bestimmte Dauer nicht vereinbart worden, so können die Kriegsparteien jederzeit die Feindseligkeiten wieder aufnehmen, doch nur unter der Voraussetzung, dass der Feind, gemäss den Bedingungen des Waffenstillstandes, rechtzeitig benachrichtigt wird.

**Art. 37**

Der Waffenstillstand kann ein allgemeiner oder ein örtlich begrenzter sein. Der erstere unterbricht die Kriegsunternehmungen der kriegführenden Staaten allenthalben, der letztere nur für bestimmte Teile der kriegführenden Heere und innerhalb eines bestimmten Bereichs.

**Art. 38**

Der Waffenstillstand muss in aller Form und rechtzeitig den zuständigen Behörden und den Truppen bekanntgemacht werden. Die Feindseligkeiten sind sofort nach der Bekanntmachung oder zu dem festgesetzten Zeitpunkt einzustellen.

**Art. 39**

Es ist Sache der abschliessenden Parteien, in den Bedingungen des Waffenstillstandes festzusetzen, welche Beziehungen sie auf dem Kriegsschauplatze untereinander und mit der Bevölkerung unterhalten können.

**Art. 40**

Jede schwere Verletzung des Waffenstillstandes durch eine der Parteien gibt der andern das Recht, ihn zu kündigen und in dringenden Fällen sogar die Feindseligkeiten unverzüglich wieder aufzunehmen.

**Art. 41**

Die Verletzung der Bedingungen des Waffenstillstandes durch Privatpersonen, die aus eigenem Antrieb handeln, gibt nur das Recht, die Bestrafung der Schuldigen und gegebenenfalls einen Ersatz für den erlittenen Schaden zu fordern.

## III. Abschnitt:
## Militärische Gewalt auf besetztem feindlichen Gebiete[7]

**Art. 42**

Ein Gebiet gilt als besetzt, wenn es sich tatsächlich in der Gewalt des feindlichen Heeres befindet.

Die Besetzung erstreckt sich nur auf die Gebiete, wo diese Gewalt hergestellt ist und ausgeübt werden kann.

**Art. 43**

Nachdem die gesetzmässige Gewalt tatsächlich in die Hände des Besetzenden übergegangen ist, hat dieser alle von ihm abhängenden Vorkehrungen zu treffen, um nach Möglichkeit die öffentliche Ordnung und das öffentliche Leben wiederherzustellen und aufrechtzuerhalten, und zwar, soweit kein zwingendes Hindernis besteht, unter Beachtung der Landesgesetze.

**Art. 44**

Einem Kriegführenden ist es untersagt, die Bevölkerung eines besetzten Gebiets zu zwingen, Auskünfte über das Heer des anderen Kriegführenden oder über dessen Verteidigungsmittel zu geben.

**Art. 45**

Es ist untersagt, die Bevölkerung eines besetzten Gebiets zu zwingen, der feindlichen Macht den Treueid zu leisten.

**Art. 46**

Die Ehre und die Rechte der Familie, das Leben der Bürger und das Privateigentum sowie die religiösen Überzeugungen und gottesdienstlichen Handlungen sollen geachtet werden.

Das Privateigentum darf nicht eingezogen werden.

**Art. 47**

Die Plünderung ist ausdrücklich untersagt.

**Art. 48**

Erhebt der Besetzende in dem besetzten Gebiete die zugunsten des Staates bestehenden Abgaben, Zölle und Gebühren, so soll er es möglichst nach Massgabe der für die

---

[7] Das Genfer Abk. vom 12. Aug. 1949 über den Schutz von Zivilpersonen in Kriegszeiten (SR **0.518.51**) ergänzt diesen Abschnitt in den Beziehungen zwischen den vertragschliessenden Mächten (Art. 154 des erwähnten Abkommens).

Ansetzung und Verteilung geltenden Vorschriften tun; es erwächst damit für ihn die Verpflichtung, die Kosten der Verwaltung des besetzten Gebiets in dem Umfange zu tragen, wie die gesetzmässige Regierung hierzu verpflichtet war.

**Art. 49**

Erhebt der Besetzende in dem besetzten Gebiet ausser den im vorstehenden Artikel bezeichneten Abgaben andere Auflagen in Geld, so darf dies nur zur Deckung der Bedürfnisse des Heeres oder der Verwaltung dieses Gebiets geschehen.

**Art. 50**

Keine Strafe in Geld oder anderer Art darf über eine ganze Bevölkerung wegen der Handlungen Einzelner verhängt werden, für welche die Bevölkerung nicht als mitverantwortlich angesehen werden kann.

**Art. 51**

Zwangsauflagen können nur auf Grund eines schriftlichen Befehls und unter Verantwortlichkeit eines selbständig kommandierenden Generals erhoben werden.

Die Erhebung soll soviel wie möglich nach den Vorschriften über die Ansetzung und Verteilung der bestehenden Abgaben erfolgen.

Über jede auferlegte Leistung wird den Leistungspflichtigen eine Empfangsbestätigung erteilt.

**Art. 52**

Naturalleistungen und Dienstleistungen können von Gemeinden oder Einwohnern nur für die Bedürfnisse des Besetzungsheers gefordert werden. Sie müssen im Verhältnisse zu den Hilfsquellen des Landes stehen und solcher Art sein, dass sie nicht für die Bevölkerung die Verpflichtung enthalten, an Kriegsunternehmungen gegen ihr Vaterland teilzunehmen.

Derartige Natural- und Dienstleistungen können nur mit Ermächtigung des Befehlshabers der besetzten Örtlichkeit gefordert werden.

Die Naturalleistungen sind soviel wie möglich bar zu bezahlen. Andernfalls sind dafür Empfangsbestätigungen auszustellen; die Zahlung der geschuldeten Summen soll möglichst bald bewirkt werden.

**Art. 53**

Das ein Gebiet besetzende Heer kann nur mit Beschlag belegen: das bare Geld und die Wertbestände des Staates sowie die dem Staate zustehenden eintreibbaren Forderungen, die Waffenniederlagen, Beförderungsmittel, Vorratshäuser und Lebensmittelvorräte sowie überhaupt alles bewegliche Eigentum des Staates, das geeignet ist, den Kriegsunternehmungen zu dienen.

Alle Mittel, die zu Lande, zu Wasser und in der Luft zur Weitergabe von Nachrichten und zur Beförderung von Personen oder Sachen dienen, mit Ausnahme der durch das Seerecht geregelten Fälle, sowie die Waffenniederlagen und überhaupt jede Art von Kriegsvorräten können, selbst wenn sie Privatpersonen gehören, mit Beschlag belegt werden. Sie müssen aber zurückgegeben werden; die Entschädigungen sind beim Friedensschluss zu regeln.

**Art. 54**

Die unterseeischen Kabel, die ein besetztes Gebiet mit einem neutralen Gebiete verbinden, dürfen nur im Falle unbedingter Notwendigkeit mit Beschlag belegt oder zerstört werden. Sie müssen gleichfalls zurückgegeben und die Entschädigungen beim Friedensschluss geregelt werden.

**Art. 55**

Der besetzende Staat hat sich nur als Verwalter und Nutzniesser der öffentlichen Gebäude, Liegenschaften, Wälder und landwirtschaftlichen Betriebe zu betrachten, die dem feindlichen Staate gehören und sich in dem besetzten Gebiete befinden. Er soll den Bestand dieser Güter erhalten und sie nach den Regeln des Niessbrauchs verwalten.

**Art. 56**

Das Eigentum der Gemeinden und der dem Gottesdienste, der Wohltätigkeit, dem Unterrichte, der Kunst und der Wissenschaft gewidmeten Anstalten, auch wenn diese dem Staate gehören, ist als Privateigentum zu behandeln.

Jede Beschlagnahme, jede absichtliche Zerstörung oder Beschädigung von derartigen Anlagen, von geschichtlichen Denkmälern oder von Werken der Kunst und Wissenschaft ist untersagt und soll geahndet werden.

## Geltungsbereich des Abkommens am 1. April 1986

| Vertragsstaaten | Ratifikation oder Beitritt Nachfolgeerkl. (N) | | Inkrafttreten | |
|---|---|---|---|---|
| Äthiopien | 5. August | 1935 | 4. Oktober | 1935 |
| Belgien | 8. August | 1910 | 7. Oktober | 1910 |
| Bolivien | 27. November | 1909 | 26. Januar | 1910 |
| Brasilien | 5. Januar | 1914 | 6. März | 1914 |
| China | 10. Mai | 1916 | 9. Juli | 1917 |
| Dänemark | 27. November | 1909 | 26. Januar | 1910 |
| Deutschland* | 27. November | 1909 | 26. Januar | 1910 |
| Dominikanische Republik | 16. Mai | 1958 | 15. Juli | 1958 |
| El Salvador | 27. November | 1909 | 26. Januar | 1910 |
| Fidschi | 26. Januar | 1973 N | 10. Oktober | 1970 |
| Finnland | 9. Juni | 1922 | 8. August | 1922 |
| Frankreich | 7. Oktober | 1910 | 6. Dezember | 1910 |
| Grossbritannien | 27. November | 1909 | 26. Januar | 1910 |
| Guatemala | 13. April | 1910 | 12. Juni | 1910 |
| Haiti | 2. Februar | 1910 | 3. April | 1910 |
| Japan* | 13. Dezember | 1911 | 11. Februar | 1912 |
| Kuba | 22. Februar | 1912 | 22. April | 1912 |
| Liberia | 4. Februar | 1914 | 5. April | 1914 |
| Luxemburg | 5. September | 1912 | 4. November | 1912 |
| Mexiko | 27. November | 1909 | 26. Januar | 1910 |
| Nicaragua | 16. Dezember | 1909 | 14. Februar | 1910 |
| Niederlande | 27. November | 1909 | 26. Januar | 1910 |
| Norwegen | 19. September | 1910 | 18. November | 1910 |
| Österreich* | 27. November | 1909 | 26. Januar | 1910 |
| Panama | 11. September | 1911 | 10. November | 1911 |
| Polen | 7. Mai | 1925 | 6. Juli | 1925 |
| Portugal | 13. April | 1911 | 12. Juni | 1911 |
| Rumänien | 1. März | 1912 | 30. April | 1912 |
| Schweden | 27. November | 1909 | 26. Januar | 1910 |
| Schweiz | 12. Mai | 1910 | 11. Juli | 1910 |
| Sowjetunion* | 27. November | 1909 | 26. Januar | 1910 |
| Südafrika | 10. März | 1978 N | 31. Mai | 1910 |
| Thailand | 12. März | 1910 | 11. Mai | 1910 |
| Ungarn* | 27. November | 1909 | 26. Januar | 1910 |
| Vereinigte Staaten von Amerika | 27. November | 1909 | 26. Januar | 1910 |

\* Vorbehalte siehe hiernach.

## Vorbehalte

### Deutschland

Mit folgendem Vorbehalt zu Art. 44 der Anlage:

«Die deutsche Delegation kann den Art. $44a$[8] nicht annehmen, und ich erlaube mir mit einigen Worten unsere ablehnende Haltung zu begründen. Der Art. $22a$[9], der auf deutschen Vorschlag hin eingefügt wurde, lautet:

‹Den Kriegführenden ist es untersagt, Angehörige der Gegenpartei zur Teilnahme an den Kriegsunternehmungen gegen ihr Land zu zwingen; dies gilt auch für den Fall, dass sie vor Ausbruch des Krieges angeworben waren.›

Man muss zugeben, dass die Worte ‹Teilnahme an den Kriegsunternehmungen› verschieden ausgelegt werden können. Eine genauere Umschreibung erscheint uns aber unmöglich. Wenn man die auf Grund von Art. $22a$[10] verbotenen Handlungen genauer umschreiben will, wie dies Art. $44a$[11] möchte, besteht die Gefahr, dass dadurch entweder die Freiheit zu militärischen Handlungen über das richtige Mass hinaus eingeengt wird, oder aber, dass man zu einer Auslegung kommt, wonach dann gemäss dem Sprichwort «qui dicit de uno negat de altro» alle Handlungen erlaubt wären, die im Abkommen nicht ausdrücklich verboten werden. Wir wollen weder das eine noch das andere. Auf keinen Fall könnten wir eine Auslegung annehmen, durch die tatsächlich der Gedanke der Menschlichkeit und Zivilisation bedeutend abgeschwächt werden könnte. Von jenem Gedanken aber liessen wir uns leiten, als wir den Art. $22a$[12] vorschlugen. Aus diesen Gründen werden wir gegen den Art. $44a$[13] stimmen.» (Übersetzung des französischen Originaltextes)

### Japan

Unter Vorbehalt von Art. 44 der Anlage.

### Österreich

Mit folgendem Vorbehalt zu Art. 44 der Anlage:

«Nachdem die Delegation von Österreich-Ungarn den neuen Art. $22a$[14] unter der Bedingung angenommen hat, dass Art. 44 der heute geltenden Übereinkunft[15]

---

[8] Es handelt sich um Art. 44a des Entwurfes. In der endgültigen Fassung hiervor ist es Art. 44.
[9] Es handelt sich um Art. 22a des Entwurfes. In der endgültigen Fassung hiervor ist es Art. 23 Abs. 2.
[10] Es handelt sich um Art. 22a des Entwurfes. In der endgültigen Fassung hiervor ist es Art. 23 Abs. 2.
[11] Es handelt sich um Art. 44a des Entwurfes. In der endgültigen Fassung hiervor ist es Art. 44.
[12] Es handelt sich um Art. 22a des Entwurfes. In der endgültigen Fassung hiervor ist es Art. 23 Abs. 2.
[13] Es handelt sich um Art. 44a des Entwurfes. In der endgültigen Fassung hiervor ist es Art. 44.
[14] Es handelt sich um Art. 22a des Entwurfes. In der endgültigen Fassung hiervor ist es Art. 23 Abs. 2.
[15] Gemeint ist Art. 44 des R vom 29. Juli 1899 betreffend die Gesetze und Gebräuche des Landkriegs (SR **0.5 15.111** Beilage).

unverändert beibehalten werde, kann sie dem von der Zweiten Kommission vorgeschlagenen Art. 44a[16] nicht zustimmen.» (Übersetzung des französischen Originaltextes)

**Sowjetunion**

Mit folgendem Vorbehalt zu Art. 44 der Anlage:

«Die russische Delegation hat die Ehre, zu erklären, dass sie, nachdem sie den neuen, von der deutschen Delegation vorgeschlagenen Art. 22a[17] in der Meinung angenommen hat, er ersetze den heutigen Art. 44 des Reglementes von 1899[18], Vorbehalte anbringt in bezug auf die neue Fassung des erwähnten Art. 44a[19] Übersetzung des französischen Originaltextes)

**Ungarn**

Gleicher Vorbehalt wie Österreich.

---

[16] Es handelt sich um Art. 44a des Entwurfes. In der endgültigen Fassung hiervor ist es Art. 44.
[17] Es handelt sich um Art. 22a des Entwurfes. In der endgültigen Fassung hiervor ist es Art. 23 Abs. 2.
[18] SR **0.515.111** Beilage
[19] Es handelt sich um Art. 44a des Entwurfes. In der endgültigen Fassung hiervor ist es Art. 44

# Erklärung
# betreffend das europäische Seerecht
# in Kriegszeiten

Abgegeben am 16. April 1856
Von der Bundesversammlung genehmigt am 16. Juli 1856[2]
Schweizerische Beitrittsurkunde hinterlegt am 28. Juli 1856

Die Bevollmächtigten, welche den Pariser Vertrag vom dreissigsten März eintausendachthundertsechsundfünfzig unterzeichnet, sind zu einer Konferenz zusammengetreten und sind,

in Erwägung, dass das Seerecht in Kriegszeiten seit langem der Gegenstand bedauerlicher Streitigkeiten gewesen ist;

dass die Unbestimmtheit der Rechte und Pflichten in dieser Hinsicht zwischen den neutralen und den kriegführenden Parteien zu Meinungsverschiedenheiten Anlass gibt, die ernstliche Misshelligkeiten und selbst Konflikte herbeiführen können;

dass demzufolge die Festsetzung gleichmässiger Grundsätze über diesen so wichtigen Gegenstand zweckmässig erscheint;

dass die auf dem Kongress zu Paris versammelten Bevollmächtigten den Absichten, die ihre Regierungen hegen, nicht besser entsprechen könnten, als indem sie in die internationalen Verhältnisse feste Grundsätze in dieser Hinsicht einzuführen suchen;

hiezu mit gehörigen Vollmachten versehen, übereingekommen, sich über die Mittel zu diesem Zwecke zu verständigen, und haben in gegenseitigem Einverständnis folgende feierliche Erklärung aufgestellt:

1. Die Kaperei ist und bleibt abgeschafft.
2. Die neutrale Flagge schützt die feindliche Ladung, mit Ausnahme der Kriegskontrebande.
3. Die neutrale Ladung, mit Ausnahme der Kriegskontrebande, kann unter feindlicher Flagge nicht als Prise erklärt werden.
4. Blockaden müssen, um verbindlich zu sein, wirklich bestehen, d. h. durch genügende Kräfte ausgeführt werden, um das Betreten der feindlichen Küsten wirksam zu verhindern.

Die Regierungen der unterzeichneten Bevollmächtigten machen sich verbindlich, gegenwärtige Erklärung den Staaten, die nicht zur Teilnahme am Pariser Kongress berufen wurden, mitzuteilen und sie zum Beitritte einzuladen.

BS **11** 439; BBl **1856** II 357
1  Der Originaltext findet sich unter der gleichen Nummer in der französischen Ausgabe dieser Sammlung.
2  AS **V** 337

Überzeugt, dass die ganze Welt die soeben ausgesprochenen Grundsätze mit Dank begrüssen wird, zweifeln die unterzeichneten Bevollmächtigten nicht, dass die Bemühungen ihrer Regierungen, denselben allgemeine Anerkennung zu verschaffen, von günstigem Erfolge begleitet sein werden.

Gegenwärtige Erklärung ist und wird nur unter den Mächten verbindlich sein, die derselben bereits beigetreten sind oder beitreten werden.

So geschehen in Paris, den sechzehnten April eintausendachthundertsechsundfünfzig.

### Geltungsbereich der Erklärung am 1. April 1981

Vertragsstaaten

Frankreich
Grossbritannien
Mexiko (seit 1909)
Österreich
Preussen

Sardinien
Schweiz
Sowjetunion
Spanien (seit 1908)
Türkei

# Abkommen über die Behandlung der feindlichen Kauffahrteischiffe beim Ausbruche der Feindseligkeiten[2]

Abgeschlossen in Den Haag am 18. Oktober 1907
Von der Bundesversammlung genehmigt am 4. April 1910[3]
Schweizerische Ratifikationsurkunde hinterlegt am 12. Mai 1910
In Kraft getreten für die Schweiz am 11. Juli 1910

*Seine Majestät der Deutsche Kaiser, König von Preussen; der Präsident der Argentinischen Republik; Seine Majestät der Kaiser von Österreich, König von Böhmen usw. und Apostolischer König von Ungarn; Seine Majestät der König der Belgier; der Präsident der Republik Bolivien; der Präsident der Republik der Vereinigten Staaten von Brasilien; Seine Königliche Hoheit der Fürst von Bulgarien; der Präsident der Republik Chile; der Präsident der Republik Kolumbien; der einstweilige Gouverneur der Republik Kuba; Seine Majestät der König von Dänemark; der Präsident der Dominikanischen Republik; der Präsident der Republik Ecuador; Seine Majestät der König von Spanien; der Präsident der Französischen Republik; Seine Majestät der König des Vereinigten Königreichs von Grossbritannien und Irland und der Britischen überseeischen Lande, Kaiser von Indien; Seine Majestät der König der Hellenen; der Präsident der Republik Guatemala; der Präsident der Republik Haiti; Seine Majestät der König von Italien, Seine Majestät der Kaiser von Japan; Seine Königliche Hoheit der Grossherzog von Luxemburg, Herzog zu Nassau; der Präsident der Vereinigten Staaten von Mexiko; Seine Königliche Hoheit der Fürst von Montenegro; Seine Majestät der König von Norwegen; der Präsident der Republik Panama; der Präsident der Republik Paraguay; Ihre Majestät die Königin der Niederlande; der Präsident der Republik Peru; Seine Kaiserliche Majestät der Schah von Persien; Seine Majestät der König von Portugal und Algarbien usw.; Seine Majestät der König von Rumänien; Seine Majestät der Kaiser aller Reussen; der Präsident der Republik Salvador; Seine Majestät der König von Serbien; Seine Majestät der König von Siam; Seine Majestät der König von Schweden; der Schweizerische Bundesrat; Seine Majestät der Kaiser der Osmanen; der Präsident des orientalischen Freistaats Uruguay; der Präsident der Vereinigten Staaten von Venezuela,*

BS **11** 440; BBl I **1909** I 1
[1] Der Originaltext findet sich unter der gleichen Nummer in der französischen Ausgabe dieser Sammlung.
[2] Sogenanntes VI. Abkommen der Haager Friedenskonferenz von 1907. Die Schlussakte dieser Konferenz siehe in SR **0.193.212** am Schluss.
[3] BS **11** 229

von dem Wunsche erfüllt, den internationalen Handel gegen die Überraschungen des Krieges zu sichern, und gewillt, der neueren Übung gemäss soweit wie möglich Handelsunternehmungen zu schützen, die vor dem Ausbruche der Feindseligkeiten in gutem Glauben eingegangen und in der Ausführung begriffen sind,

haben beschlossen, zu diesem Zwecke ein Abkommen zu treffen, und haben zu ihren Bevollmächtigten ernannt:

*(Es folgen die Namen der Bevollmächtigten)*

welche, nachdem sie ihre Vollmachten hinterlegt und diese in guter und gehöriger Form befunden haben, über folgende Bestimmungen übereingekommen sind:

## Art. 1

Befindet sich ein Kauffahrteischiff einer der kriegführenden Mächte beim Ausbruche der Feindseligkeiten in einem feindlichen Hafen, so ist es erwünscht, dass ihm gestattet wird, unverzüglich oder binnen einer ihm zu vergönnenden ausreichenden Frist frei auszulaufen und, mit einem Passierschein versehen, unmittelbar seinen Bestimmungshafen oder einen sonstigen, ihm bezeichneten Hafen aufzusuchen.

Das gleiche gilt für ein Schiff, das seinen letzten Abfahrtshafen vor dem Beginne des Krieges verlassen hat und ohne Kenntnis der Feindseligkeiten einen feindlichen Hafen anläuft.

## Art. 2

Ein Kauffahrteischiff, das infolge höherer Gewalt den feindlichen Hafen nicht binnen der im vorstehenden Artikel erwähnten Frist hat verlassen können oder dem das Auslaufen nicht gestattet worden ist, darf nicht eingezogen werden.

Der Kriegführende darf es nur entweder unter der Verpflichtung, es nach dem Kriege ohne Entschädigung zurückzugeben, mit Beschlag belegen oder gegen Entschädigung für sich requirieren.

## Art. 3

Die feindlichen Kauffahrteischiffe, die ihren letzten Abfahrtshafen vor dem Beginne des Krieges verlassen haben und in Unkenntnis der Feindseligkeiten auf See betroffen werden, dürfen nicht eingezogen werden. Sie unterliegen nur entweder der Beschlagnahme unter der Verpflichtung, dass sie nach dem Kriege ohne Entschädigung zurückgegeben werden, oder der Requisition oder selbst der Zerstörung gegen Entschädigung und unter der Verpflichtung, dass für die Sicherheit der Personen und die Erhaltung der Schiffspapiere gesorgt wird.

Sobald diese Schiffe einen Hafen ihres Landes oder einen neutralen Hafen berührt haben, sind sie den Gesetzen und Gebräuchen des Seekriegs unterworfen.

**Art. 4**

Die feindlichen Waren, die sich an Bord der in den Artikeln 1 und 2 bezeichneten Schiffe befinden, unterliegen ebenfalls, zusammen mit dem Schiffe oder allein, entweder der Beschlagnahme, wobei sie nach dem Kriege ohne Entschädigung zurückzugeben sind, oder der Requisition gegen Entschädigung.

Das gleiche gilt für Waren, die sich an Bord der im Artikel 3 bezeichneten Schiffe befinden.

**Art. 5**

Dieses Abkommen erstreckt sich nicht auf solche Kauffahrteischiffe, deren Bau ersehen lässt, dass sie zur Umwandlung in Kriegsschiffe bestimmt sind.

**Art. 6**

Die Bestimmungen dieses Abkommens finden nur zwischen den Vertragsmächten Anwendung und nur dann, wenn die Kriegführenden sämtlich Vertragsparteien sind.

**Art. 7**

Dieses Abkommen soll möglichst bald ratifiziert werden.

Die Ratifikationsurkunden sollen in Den Haag hinterlegt werden.

Die erste Hinterlegung von Ratifikationsurkunden wird durch ein Protokoll festgestellt, das von den Vertretern der daran teilnehmenden Mächte und von dem niederländischen Minister der auswärtigen Angelegenheiten unterzeichnet wird.

Die späteren Hinterlegungen von Ratifikationsurkunden erfolgen mittels einer schriftlichen, an die Regierung der Niederlande gerichteten Anzeige, der die Ratifikationsurkunde beizufügen ist.

Beglaubigte Abschrift des Protokolls über die erste Hinterlegung von Ratifikationsurkunden, der im vorstehenden Absatz erwähnten Anzeigen sowie der Ratifikationsurkunden wird durch die Regierung der Niederlande unverzüglich den zur zweiten Friedenskonferenz eingeladenen Mächten sowie den anderen Mächten, die dem Abkommen beigetreten sind, auf diplomatischem Wege mitgeteilt werden. In den Fällen des vorstehenden Absatzes wird die bezeichnete Regierung ihnen zugleich bekanntgeben, an welchem Tag sie die Anzeige erhalten hat.

**Art. 8**

Die Mächte, die nicht unterzeichnet haben, können diesem Abkommen später beitreten.

Die Macht, die beizutreten wünscht, hat ihre Absicht der Regierung der Niederlande schriftlich anzuzeigen und ihr dabei die Beitrittsurkunde zu übersenden, die im Archive der bezeichneten Regierung hinterlegt werden wird.

Diese Regierung wird unverzüglich allen anderen Mächten beglaubigte Abschrift der Anzeige wie der Beitrittsurkunde übersenden und zugleich angeben, an welchem Tage sie die Anzeige erhalten hat.

**Art. 9**

Dieses Abkommen wird wirksam für die Mächte, die an der ersten Hinterlegung von Ratifikationsurkunden teilgenommen haben, sechzig Tage nach dem Tage, an dein das Protokoll über diese Hinterlegung aufgenommen worden ist, und für die später ratifizierenden oder beitretenden Mächte sechzig Tage, nachdem die Regierung der Niederlande die Anzeige von ihrer Ratifikation oder von ihrem Beitritt erhalten hat.

**Art. 10**

Sollte eine der Vertragsmächte dieses Abkommen kündigen wollen, so soll die Kündigung schriftlich der Regierung der Niederlande erklärt werden, die unverzüglich beglaubigte Abschrift der Erklärung allen anderen Mächten mitteilt und ihnen zugleich bekanntgibt, an welchem Tage sie die Erklärung erhalten hat.

Die Kündigung soll nur in Ansehung der Macht wirksam sein, die sie erklärt hat, und erst ein Jahr, nachdem die Erklärung bei der Regierung der Niederlande eingegangen ist.

**Art. 11**

Ein im niederländischen Ministerium der auswärtigen Angelegenheiten geführtes Register soll den Tag der gemäss Artikel 7 Absätze 3 und 4 erfolgten Hinterlegung von Ratifikationsurkunden angeben sowie den Tag, an dem die Anzeigen von dem Beitritt (Artikel 8 Absatz 2) oder von der Kündigung (Artikel 10 Absatz 1) eingegangen sind.

Jede Vertragsmacht hat das Recht, von diesem Register Kenntnis zu nehmen und beglaubigte Auszüge daraus zu verlangen.

*Zu Urkund dessen* haben die Bevollmächtigten dieses Abkommen mit ihren Unterschriften versehen.

Geschehen in Den Haag, am achtzehnten Oktober neunzehnhundertsieben in einer einzigen Ausfertigung, die im Archive der Regierung der Niederlande hinterlegt bleiben soll und wovon beglaubigte Abschriften den zur zweiten Friedenskonferenz eingeladenen Mächten auf diplomatischem Wege übergeben werden sollen.

## Geltungsbereich des Abkommens am 1. April 1981

| Vertragsstaaten | Ratifikation oder Beitritt | Inkrafttreten |
|---|---|---|
| Äthiopien | 5. August 1935 | 4. Oktober 1935 |
| Belgien | 8. August 1910 | 7. Oktober 1910 |
| Brasilien | 5. Januar 1914 | 6. März 1914 |
| China | 10. Mai 1917 | 9. Juli 1917 |
| Dänemark | 27. November 1909 | 26. Januar 1910 |
| Deutschland* | 27. November 1909 | 26. Januar 1910 |
| El Salvador | 27. November 1909 | 26. Januar 1910 |
| Finnland | 9. Juni 1922 | 8. August 1922 |
| Guatemala | 13. April 1910 | 12. Juni 1910 |
| Haiti | 2. Februar 1910 | 3. April 1910 |
| Japan | 13. Dezember 1911 | 11. Februar 1912 |
| Kuba | 22. Februar 1912 | 22. April 1912 |
| Liberia | 4. Februar 1914 | 5. April 1914 |
| Luxemburg | 5. September 1912 | 4. November 1912 |
| Mexiko | 27. November 1909 | 26. Januar 1910 |
| Nicaragua | 16. Dezember 1909 | 14. Februar 1910 |
| Niederlande | 27. November 1909 | 26. Januar 1910 |
| Norwegen | 19. September 1910 | 18. November 1910 |
| Österreich | 27. November 1909 | 26. Januar 1910 |
| Panama | 11. September 1911 | 10. November 1911 |
| Polen | 31. Mai 1935 | 30. Juli 1935 |
| Portugal | 13. April 1911 | 12. Juni 1911 |
| Rumänien | 1. März 1912 | 30. April 1912 |
| Schweden | 27. November 1909 | 26. Januar 1910 |
| Schweiz | 12. Mai 1910 | 11. Juli 1910 |
| Sowjetunion* | 27. November 1909 | 26. Januar 1910 |
| Spanien | 18. März 1913 | 17. Mai 1913 |
| Thailand | 12. März 1910 | 11. Mai 1910 |
| Ungarn | 27. November 1909 | 26. Januar 1910 |

\* Vorbehalte siehe hiernach.

## Vorbehalte

### Deutschland

Mit folgendem Vorbehalt zu den Art. 3 und 4 Abs. 2:

«Die deutsche Delegation hat die Ehre zu erklären, dass sie zu Art. 3 und dem zweiten Absatz von Art. 4 Vorbehalte anbringt. Sie ist der Meinung, durch diese Bestimmungen werde eine Ungleichheit zwischen den Mächten geschaffen, indem diejenigen Mächte, die mangels Schiffsstationen in den verschiedenen Teilen der Welt die beschlagnahmten Schiffe nicht in einen Hafen führen können, sondern gezwungen sind, sie zu zerstören, dadurch finanziell belastet werden.» (Übersetzung aus dem französischen Originaltext)

### Sowjetunion

Unter Vorbehalt der Art. 3 und 4 Abs. 2.

# Abkommen über die Umwandlung von Kauffahrteischiffen in Kriegsschiffe[2]

Abgeschlossen in Den Haag am 18. Oktober 1907

*Seine Majestät der Deutsche Kaiser, König von Preussen; der Präsident der Argentinischen Republik; Seine Majestät der Kaiser von Österreich, König von Böhmen usw. und Apostolischer König von Ungarn; Seine Majestät der König der Belgier; der Präsident der Republik Bolivien; der Präsident der Republik der Vereinigten Staaten von Brasilien; Seine Königliche Hoheit der Fürst von Bulgarien; der Präsident der Republik Chile; der Präsident der Republik Kolumbien; der einstweilige Gouverneur der Republik Kuba; Seine Majestät der König von Dänemark; der Präsident der Republik Ecuador; Seine Majestät der König von Spanien; der Präsident der Französischen Republik; Seine Majestät der König des Vereinigten Königreichs von Grossbritannien und Irland und der Britischen überseeischen Lande, Kaiser von Indien; Seine Majestät der König der Hellenen; der Präsident der Republik Guatemala; der Präsident der Republik Haiti; Seine Majestät der König von Italien; Seine Majestät der Kaiser von Japan; Seine Königliche Hoheit der Grossherzog von Luxemburg, Herzog zu Nassau; der Präsident der Vereinigten Staaten von Mexiko; Seine Königliche Hoheit der Fürst von Montenegro; Seine Majestät der König von Norwegen; der Präsident der Republik Panama; der Präsident der Republik Paraguay; Ihre Majestät die Königin der Niederlande; der Präsident der Republik Peru; Seine Kaiserliche Majestät der Schah von Persien; Seine Majestät der König von Portugal und Algarbien usw.; Seine Majestät der König von Rumänien; Seine Majestät der Kaiser aller Reussen; der Präsident der Republik Salvador; Seine Majestät der König von Serbien; Seine Majestät der König von Siam; Seine Majestät der König von Schweden; der Schweizerische Bundesrat; Seine Majestät der Kaiser der Osmanen; der Präsident der Vereinigten Staaten von Venezuela,*

in der Erwägung, dass es im Hinblick auf die Einreihung von Schiffen der Handelsmarine in die Kriegsflotten zur Zeit eines Krieges wünschenswert ist, die Bedingungen festzustellen, unter denen eine solche Massregel vorgenommen werden kann,

dass jedoch in Ermangelung einer Einigung der Vertragsmächte darüber, ob die Umwandlung von Kauffahrteischiffen in Kriegsschiffe auf hoher See stattfinden

---

BS **11** 446; BBl **1909** I 1
[1] Der Originaltext findet sich unter der gleichen Nummer in der französischen Ausgabe dieser Sammlung.
[2] Sogenanntes VII. Abkommen der Haager Friedenskonferenz von 1907. Die Schlussakte dieser Konferenz siehe in SR **0.193.212** am Schluss.
[3] BS **11** 229

darf, die Frage wegen des Ortes der Umwandlung bestehendem Einverständnisse zufolge ausser Betracht bleiben und durch die nachstehenden Regeln in keiner Weise berührt werden soll,

von dem Wunsche geleitet, zu diesem Zwecke ein Abkommen zu schliessen, haben zu ihren Bevollmächtigten ernannt:

*(Es folgen die Namen der Bevollmächtigten)*

welche, nachdem sie ihre Vollmachten hinterlegt und diese in guter und gehöriger Form befunden haben, über folgende Bestimmungen übereingekommen sind:

### Art. 1

Kein Kauffahrteischiff, das in ein Kriegsschiff umgewandelt ist, hat die mit dieser Eigenschaft verbundenen Rechte und Verpflichtungen, wenn es nicht dem direkten Befehle, der unmittelbaren Aufsicht und der Verantwortlichkeit der Macht, deren Flagge es führt, unterstellt ist.

### Art. 2

Die in Kriegsschiffe umgewandelten Kauffahrteischiffe müssen die äusseren Abzeichen der Kriegsschiffe ihres Heimatlandes tragen.

### Art. 3

Der Befehlshaber muss im Staatsdienste stehen und von der zuständigen Staatsgewalt ordnungsgemäss bestellt sein. Sein Name muss in der Rangliste der Kriegsmarine stehen.

### Art. 4

Die Mannschaft muss den Regeln der militärischen Disziplin unterworfen sein.

### Art. 5

Jedes in ein Kriegsschiff umgewandelte Kauffahrteischiff hat bei seinen Unternehmungen die Gesetze und Gebräuche des Krieges zu beobachten.

### Art. 6

Der Kriegführende, der ein Kauffahrteischiff in ein Kriegsschiff umwandelt, muss diese Umwandlung möglichst bald auf der Liste seiner Kriegsschiffe vermerken.

### Art. 7

Die Bestimmungen dieses Abkommens finden nur zwischen den Vertragsmächten Anwendung und nur dann, wenn die Kriegführenden sämtlich Vertragsparteien sind.

**Art. 8**

Dieses Abkommen soll möglichst bald ratifiziert werden.

Die Ratifikationsurkunden sollen in Den Haag hinterlegt werden.

Die erste Hinterlegung von Ratifikationsurkunden wird durch ein Protokoll festgestellt, das von den Vertretern der daran teilnehmenden Mächte und von dem niederländischen Minister der auswärtigen Angelegenheiten unterzeichnet wird.

Die späteren Hinterlegungen von Ratifikationsurkunden erfolgen mittels einer schriftlichen, an die Regierung der Niederlande gerichteten Anzeige, der die Ratifikationsurkunde beizufügen ist.

Beglaubigte Abschrift des Protokolls über die erste Hinterlegung von Ratifikationsurkunden, der im vorstehenden Absatz erwähnten Anzeigen sowie der Ratifikationsurkunden wird durch die Regierung der Niederlande unverzüglich den zur zweiten Friedenskonferenz eingeladenen Mächten sowie den anderen Mächten, die dem Abkommen beigetreten sind, auf diplomatischem Wege mitgeteilt werden. In den Fällen des vorstehenden Absatzes wird die bezeichnete Regierung ihnen zugleich bekanntgeben, an welchem Tage sie die Anzeige erhalten hat.

**Art. 9**

Die Mächte, die nicht unterzeichnet haben, können diesem Abkommen später beitreten.

Die Macht, die beizutreten wünscht, hat ihre Absicht der Regierung der Niederlande schriftlich anzuzeigen und ihr dabei die Beitrittsurkunde zu übersenden, die im Archive der bezeichneten Regierung hinterlegt werden wird.

Diese Regierung wird unverzüglich allen anderen Mächten beglaubigte Abschrift der Anzeige wie der Beitrittsurkunde übersenden und zugleich angeben, an welchem Tage sie die Anzeige erhalten hat.

**Art. 10**

Dieses Abkommen wird wirksam für die Mächte, die an der ersten Hinterlegung von Ratifikationsurkunden teilgenommen haben, sechzig Tage nach dem Tage, an dem das Protokoll über diese Hinterlegung aufgenommen worden ist, und für die später ratifizierenden oder beitretenden Mächte sechzig Tage, nachdem die Regierung der Niederlande die Anzeige von ihrer Ratifikation oder von ihrem Beitritt erhalten hat.

**Art. 11**

Sollte eine der Vertragsmächte dieses Abkommen kündigen wollen, so soll die Kündigung schriftlich der Regierung der Niederlande erklärt werden, die unverzüglich beglaubigte Abschrift der Erklärung allen anderen Mächten mitteilt und ihnen zugleich bekanntgibt, an welchem Tage sie die Erklärung erhalten hat.

Die Kündigung soll nur in Ansehung der Macht wirksam sein, die sie erklärt hat, und erst ein Jahr, nachdem die Erklärung bei der Regierung der Niederlande eingegangen ist.

**Art. 12**

Ein im niederländischen Ministerium der auswärtigen Angelegenheiten geführtes Register soll den Tag der gemäss Artikel 8 Absätze 3 und 4 erfolgten Hinterlegung von Ratifikationsurkunden angeben sowie den Tag, an dem die Anzeigen von dem Beitritt (Artikel 9 Absatz 2) oder von der Kündigung (Artikel 11 Absatz 1) eingegangen sind.

Jede Vertragsmacht hat das Recht, von diesem Register Kenntnis zu nehmen und beglaubigte Auszüge daraus zu verlangen.

*Zu Urkund dessen* haben die Bevollmächtigten dieses Abkommen mit ihren Unterschriften versehen.

Geschehen in Den Haag, am achtzehnten Oktober neunzehnhundertsieben in einer einzigen Ausfertigung, die im Archive der Regierung der Niederlande hinterlegt bleiben soll und wovon beglaubigte Abschriften den zur zweiten Friedenskonferenz eingeladenen Mächten auf diplomatischem Wege übergeben werden sollen.

## Geltungsbereich des Abkommens am 1. April 1981

| Vertragsstaaten | Ratifikation oder Beitritt Nachfolgeerklärung (N) | | Inkrafttreten | |
|---|---|---|---|---|
| Äthiopien | 5. August | 1935 | 4. Oktober | 1935 |
| Belgien | 8. August | 1910 | 7. Oktober | 1910 |
| Brasilien | 5. Januar | 1914 | 6. März | 1914 |
| China | 10. Mai | 1917 | 9. Juli | 1917 |
| Dänemark | 27. November | 1909 | 26. Januar | 1910 |
| Deutschland | 27. November | 1909 | 26. Januar | 1910 |
| El Salvador | 27. November | 1909 | 26. Januar | 1910 |
| Fidschi | 26. Januar | 1973 N | 10. Oktober | 1970 |
| Finnland | 9. Juni | 1922 | 8. August | 1922 |
| Frankreich | 7. Oktober | 1910 | 6. Dezember | 1910 |
| Grossbritannien | 27. November | 1909 | 26. Januar | 1910 |
| Guatemala | 13. April | 1910 | 12. Juni | 1910 |
| Haiti | 2. Februar | 1910 | 3. April | 1910 |
| Japan | 13. Dezember | 1911 | 11. Februar | 1912 |
| Liberia | 4. Februar | 1914 | 5. April | 1914 |
| Luxemburg | 5. September | 1912 | 4. November | 1912 |
| Mexiko | 27. November | 1909 | 26. Januar | 1910 |
| Nicaragua | 16. Dezember | 1909 | 14. Februar | 1910 |
| Niederlande | 27. November | 1909 | 26. Januar | 1910 |
| Norwegen | 19. September | 1910 | 18. November | 1910 |
| Österreich | 27. November | 1909 | 26. Januar | 1910 |
| Panama | 11. September | 1911 | 10. November | 1911 |
| Polen | 31. Mai | 1935 | 30. Juli | 1935 |
| Portugal | 13. April | 1911 | 12. Juni | 1911 |
| Rumänien | 1. März | 1912 | 30. April | 1912 |
| Schweden | 27. November | 1909 | 26. Januar | 1910 |
| Schweiz | 12. Mai | 1910 | 11. Juli | 1910 |
| Sowjetunion | 27. November | 1909 | 26. Januar | 1910 |
| Spanien | 18. März | 1913 | 17. Mai | 1913 |
| Südafrika | 10. März | 1978 N | 31. Mai | 1910 |
| Thailand | 12. März | 1910 | 11. Mai | 1910 |
| Ungarn | 27. November | 1909 | 26. Januar | 1910 |

# Abkommen
# über die Legung
# von unterseeischen selbsttätigen Kontaktminen[2]

Abgeschlossen in Den Haag am 18. Oktober 1907

*Seine Majestät der Deutsche Kaiser, König von Preussen; der Präsident
der Vereinigten Staaten von Amerika; der Präsident der Argentinischen Republik;
Seine Majestät der Kaiser von Österreich, König von Böhmen usw.,
und Apostolischer König von Ungarn; Seine Majestät der König der Belgier;
der Präsident der Republik Bolivien; der Präsident der Republik der Vereinigten
Staaten von Brasilien; Seine Königliche Hoheit der Fürst von Bulgarien;
der Präsident der Republik Chile; der Präsident der Republik Kolumbien;
der einstweilige Gouverneur der Republik Kuba; Seine Majestät der König von
Dänemark; der Präsident der Dominikanischen Republik; der Präsident der
Republik Ecuador; der Präsident der Französischen Republik; der Präsident der
König des Vereinigten Königreichs von Grossbritannien und Irland und der
Britischen überseeischen Lande, Kaiser von Indien; Seine Majestät der König der
Hellenen; der Präsident der Republik Guatemala; der Präsident der Republik Haiti;
Seine Majestät der König von Italien; Seine Majestät der Kaiser von Japan;
Seine Königliche Hoheit der Grossherzog von Luxemburg, Herzog zu Nassau;
der Präsident der Vereinigten Staaten von Mexiko; Seine Majestät der König von
Norwegen; der Präsident der Republik Panama; der Präsident der Republik
Paraguay; Ihre Majestät die Königin der Niederlande; der Präsident der Republik
Peru; Seine Kaiserliche Majestät der Schah von Persien; Seine Majestät der König
von Rumänien; der Präsident der Republik Salvador; Seine Majestät der König von
Serbien; Seine Majestät der König von Siam; der Schweizerische Bundesrat; Seine
Majestät der Kaiser der Osmanen; der Präsident des Orientalischen Freistaats
Uruguay; der Präsident der Vereinigten Staaten von Venezuela,*

ausgehend von dem Grundsatze der Freiheit der Seestrassen, die allen Nationen offenstehen,

in der Erwägung, dass, wenn bei dem gegenwärtigen Stand der Dinge die Verwendung unterseeischer selbsttätiger Kontaktminen nicht untersagt werden kann, es doch von Wert ist, ihren Gebrauch einzuschränken und zu regeln, um die Härten des

---

BS **11** 450; BBl **1909** I 1
1   Der Originaltext findet sich unter der gleichen Nummer in der französischen Ausgabe dieser Sammlung.
2   Sogenanntes VIII. Abkommen der Haager Friedenskonferenz von 1907. Die Schlussakte dieser Konferenz siehe in SR **0.193.212** am Schluss.
3   BS **11** 229

Krieges zu mildern und soweit wie möglich der friedlichen Schiffahrt diejenige Sicherheit zu gewähren, auf welche sie auch bei bestehendem Kriege Anspruch hat,

in Erwartung der Zeit, wo es möglich sein wird, den Gegenstand in einer Art zu regeln, die den davon berührten Interessen jede wünschenswerte Gewähr bietet,

haben beschlossen, zu diesem Zwecke ein Abkommen zu treffen, und haben zu ihren Bevollmächtigten ernannt:

*(Es folgen die Namen der Bevollmächtigten)*

welche, nachdem sie ihre Vollmachten hinterlegt und diese in guter und gehöriger Form befunden haben, über folgende Bestimmungen übereingekommen sind:

### Art. 1

Es ist untersagt:

1. unverankerte selbsttätige Kontaktminen zu legen, ausser wenn diese so eingerichtet sind, dass sie spätestens eine Stunde, nachdem der sie Legende die Aufsicht über sie verloren hat, unschädlich werden;
2. verankerte selbsttätige Kontaktminen zu legen, wenn diese nicht unschädlich werden, sobald sie sich von ihrer Verankerung losgerissen haben;
3. Torpedos zu verwenden, wenn diese nicht unschädlich werden, nachdem sie ihr Ziel verfehlt haben.

### Art. 2

Es ist untersagt, vor den Küsten und Häfen des Gegners selbsttätige Kontaktminen zu legen zu dem alleinigen Zwecke, die Handelsschiffahrt zu unterbinden.

### Art. 3

Bei der Verwendung von verankerten selbsttätigen Kontaktminen sind für die Sicherheit der friedlichen Schiffahrt alle möglichen Vorsichtsmassregeln zu treffen.

Die Kriegführenden verpflichten sich, nach Möglichkeit dafür zu sorgen, dass diese Minen nach Ablauf eines begrenzten Zeitraums unschädlich werden; auch verpflichten sie sich, falls ihre Überwachung aufhört, die gefährlichen Gegenden den Schiffahrtskreisen, sobald es die militärischen Rücksichten gestatten, durch eine Bekanntmachung zu bezeichnen, die auch den Regierungen auf diplomatischem Wege mitzuteilen ist.

### Art. 4

Jede neutrale Macht, die vor ihren Küsten selbsttätige Kontaktminen legt, soll dieselben Regeln beobachten und dieselben Vorsichtsmassregeln treffen, wie sie den Kriegführenden zur Pflicht gemacht sind.

Die neutrale Macht muss durch eine vorgängige Bekanntmachung die Gegenden, wo selbsttätige Kontaktminen gelegt werden sollen, zur Kenntnis der Schiffahrtskreise bringen. Diese Bekanntmachung soll den Regierungen schleunigst auf diplomatischem Wege mitgeteilt werden.

**Art. 5**

Die Vertragsmächte verpflichten sich, nach Beendigung des Krieges alles, was an ihnen liegt, zu tun, um, jede auf ihrer Seite, die gelegten Minen zu beseitigen.

Was die verankerten selbsttätigen Kontaktminen betrifft, welche einer der Kriegführenden längs der Küsten des anderen gelegt hat, so soll deren Lage von derjenigen Macht, die sie gelegt hat, der andern Partei mitgeteilt werden, und jede Macht soll in kürzester Frist zur Beseitigung der in ihren Gewässern befindlichen Minen schreiten.

**Art. 6**

Die Vertragsmächte, die noch nicht über vervollkommnete Minen, so wie sie dieses Abkommen vorsieht, verfügen und mithin zur Zeit die in den Artikeln 1 und 3 aufgestellten Regeln nicht befolgen können, verpflichten sich, ihr Minenmaterial möglichst bald umzugestalten, damit es den erwähnten Vorschriften entspricht.

**Art. 7**

Die Bestimmungen dieses Abkommens finden nur zwischen den Vertragsmächten Anwendung und nur dann, wenn die Kriegführenden sämtlich Vertragsparteien sind.

**Art. 8**

Dieses Abkommen soll möglichst bald ratifiziert werden.

Die Ratifikationsurkunden sollen in Den Haag hinterlegt werden.

Die erste Hinterlegung von Ratifikationsurkunden wird durch ein Protokoll festgestellt, das von den Vertretern der daran teilnehmenden Mächte und von dem niederländischen Minister der auswärtigen Angelegenheiten unterzeichnet wird.

Die späteren Hinterlegungen von Ratifikationsurkunden erfolgen mittels einer schriftlichen, an die Regierung der Niederlande gerichteten Anzeige, der die Ratifizierungsurkunde beizufügen ist.

Beglaubigte Abschrift des Protokolls über die erste Hinterlegung von Ratifikationsurkunden, der im vorstehenden Absatz erwähnten Anzeigen sowie der Ratifikationsurkunden wird durch die Regierung der Niederlande unverzüglich den zur zweiten Friedenskonferenz eingeladenen Mächten sowie den andern Mächten, die dem Abkommen beigetreten sind, auf diplomatischem Wege mitgeteilt werden. In den Fällen des vorstehenden Absatzes wird die bezeichnete Regierung ihnen zugleich bekanntgeben, an welchem Tage sie die Anzeige erhalten hat.

### Art. 9

Die Mächte, die nicht unterzeichnet haben, können diesem Abkommen später beitreten.

Die Macht, die beizutreten wünscht, hat ihre Absicht der Regierung der Niederlande schriftlich anzuzeigen und ihr dabei die Beitrittsurkunde zu übersenden, die im Archive der bezeichneten Regierung hinterlegt werden wird.

Diese Regierung wird unverzüglich allen anderen Mächten beglaubigte Abschrift der Anzeige wie der Beitrittsurkunde übersenden und zugleich angeben, an welchem Tage sie die Anzeige erhalten hat.

### Art. 10

Dieses Abkommen wird wirksam für die Mächte, die an der ersten Hinterlegung von Ratifikationsurkunden teilgenommen haben, sechzig Tage nach dem Tage, an dem das Protokoll über diese Hinterlegung aufgenommen worden ist, und für die später ratifizierenden oder beitretenden Mächte sechzig Tage, nachdem die Regierung der Niederlande die Anzeige von ihrer Ratifikation oder von ihrem Beitritt erhalten hat.

### Art. 11

Dieses Abkommen gilt für die Dauer von sieben Jahren, gerechnet vom sechzigsten Tage nach dem Tage der ersten Hinterlegung von Ratifikationsurkunden.

In Ermangelung einer Kündigung bleibt es nach dem Ablaufe dieser Frist weiter in Kraft.

Die Kündigung soll schriftlich der Regierung der Niederlande erklärt werden, die unverzüglich beglaubigte Abschrift der Erklärung allen Mächten mitteilt und ihnen zugleich bekanntgibt, an welchem Tage sie die Erklärung erhalten hat.

Die Kündigung soll nur in Ansehung der Macht wirksam sein, die sie erklärt hat, und erst sechs Monate, nachdem die Erklärung bei der Regierung der Niederlande eingegangen ist.

### Art. 12

Die Vertragsmächte verpflichten sich, die Frage der Verwendung selbsttätiger Kontaktminen sechs Monate vor dem Ablaufe der im ersten Absatze des vorstehenden Artikels vorgesehenen Frist wieder aufzunehmen, falls sie nicht vorher von der dritten Friedenskonferenz wieder aufgenommen und gelöst worden ist.

Sollten die Vertragsmächte ein neues Abkommen über die Verwendung von Minen schliessen, so verliert, sobald dieses in Kraft tritt, das vorliegende Abkommen seine Gültigkeit.

### Art. 13

Ein im niederländischen Ministerium der auswärtigen Angelegenheiten geführtes Register soll den Tag der gemäss Artikel 8 Absätze 3 und 4 erfolgten Hinterlegung von Ratifikationsurkunden angeben sowie den Tag, an dem die Anzeigen von dem Beitritt (Artikel 9 Absatz 2) oder von der Kündigung (Artikel 11 Absatz 3) eingegangen sind.

Jede Vertragsmacht hat das Recht, von diesem Register Kenntnis zu nehmen und beglaubigte Auszüge daraus zu verlangen.

*Zu Urkund dessen* haben die Bevollmächtigten dieses Abkommen mit ihren Unterschriften versehen.

Geschehen in Den Haag, am achtzehnten Oktober neunzehnhundertsieben in einer einzigen Ausfertigung, die im Archive der Regierung der Niederlande hinterlegt bleiben soll und wovon beglaubigte Abschriften den zur zweiten Friedenskonferenz eingeladenen Mächten auf diplomatischem Wege übergeben werden sollen.

## Geltungsbereich des Abkommens am 1. April 1981

| Vertragsstaaten | Ratifikation oder Beitritt Nachfolgeerklärung (N) | | Inkrafttreten | |
|---|---|---|---|---|
| Äthiopien | 5. August | 1935 | 4. Oktober | 1935 |
| Belgien | 8. August | 1910 | 7. Oktober | 1910 |
| Brasilien | 5. Januar | 1914 | 6. März | 1914 |
| China | 10. Mai | 1917 | 9. Juli | 1917 |
| Dänemark | 27. November | 1909 | 26. Januar | 1910 |
| Deutschland* | 27. November | 1909 | 26. Januar | 1910 |
| El Salvador | 27. November | 1909 | 26. Januar | 1910 |
| Fidschi | 26. Januar | 1973 N | 10. Oktober | 1970 |
| Finnland | 9. Juni | 1922 | 8. August | 1922 |
| Frankreich* | 7. Oktober | 1910 | 6. Dezember | 1910 |
| Grossbritannien* | 27. November | 1909 | 26. Januar | 1910 |
| Guatemala | 13. April | 1910 | 12. Juni | 1910 |
| Haiti | 2. Februar | 1910 | 3. April | 1910 |
| Japan | 13. Dezember | 1911 | 11. Februar | 1912 |
| Liberia | 4. Februar | 1914 | 5. April | 1914 |
| Luxemburg | 5. September | 1912 | 4. November | 1912 |
| Mexiko | 27. November | 1909 | 26. Januar | 1910 |
| Nicaragua | 16. Dezember | 1909 | 14. Februar | 1910 |
| Niederlande | 27. November | 1909 | 26. Januar | 1910 |
| Norwegen | 19. September | 1910 | 18. November | 1910 |
| Österreich | 27. November | 1909 | 26. Januar | 1910 |
| Panama | 11. September | 1911 | 10. November | 1911 |
| Rumänien | 1. März | 1912 | 30. April | 1912 |
| Schweiz | 12. Mai | 1910 | 11. Juli | 1910 |
| Südafrika | 10. März | 1978 N | 31. Mai | 1910 |
| Thailand* | 12. März | 1910 | 11. Mai | 1910 |
| Ungarn | 27. November | 1909 | 26. Januar | 1910 |
| Vereinigte Staaten von Amerika | 27. November | 1909 | 26. Januar | 1910 |

\* Vorbehalte siehe hiernach.

## Vorbehalte

### Deutschland

Unter folgendem Vorbehalt zu Art. 2:

«Die deutsche Delegation erinnert daran, dass sie zu Art. 2 einen Vorbehalt angebracht hat, den sie aufrechthalten muss. Sie hat im Schosse der Kommission die Beweggründe zu diesem Vorbehalt angegeben, und sie glaubt, diese Gründe verdeutlichen zu sollen. Art. 2 nennt den mutmasslichen Zweck, den man mit der Legung von Minen verfolgt. Damit wird ein subjektives Element geschaffen, das man sonst nirgends im Entwurf findet und das Anwendungsschwierigkeiten hervorrufen kann. Diese werden durch die Beifügung des Wortes (alleinig> noch vermehrt. Aus diesen Gründen stimmt die Delegation diesem Artikel nicht zu.» (Übersetzung des französischen Originaltextes)

### Frankreich

Unter folgendem Vorbehalt zu Art. 2:

«Aus den Gründen, die im Ausschuss dargelegt wurden und mit jenen übereinstimmen, die Se. Exc. der Erste Delegierte Deutschlands auseinandergesetzt hat, stimmt die französische Delegation diesem Artikel nicht zu.» (Übersetzung des französischen Originaltextes)

### Grossbritannien

Unter Vorbehalt der nachstehenden Erklärung:

«Bei der Unterzeichnung dieses Abkommens erklären die britischen Bevollmächtigten, dass der blossen Tatsache, dass das Abkommen irgendein Handeln oder irgendein Vorgehen nicht verbietet, nicht die Bedeutung beigemessen werden darf, als ob die Regierung Seiner britischen Majestät des Rechtes beraubt würde, die Rechtmässigkeit solchen Handelns oder Vorgehens zu bestreiten.» (Übersetzung des französischen Originaltextes)

### Thailand

Unter Vorbehalt von Art. 1 Abs. 1.

# Abkommen
# betreffend die Beschiessung
# durch Seestreitkräfte in Kriegszeiten[2]

Abgeschlossen in Den Haag am 18. Oktober 1907

*Seine Majestät der Deutsche Kaiser, König von Preussen; der Präsident der Vereinigten Staaten von Amerika; der Präsident der Argentinischen Republik; Seine Majestät der Kaiser von Österreich, König von Böhmen usw., und Apostolischer König von Ungarn; Seine Majestät der König der Belgier; der Präsident der Republik Bolivien; der Präsident der Republik der Vereinigten Staaten von Brasilien; Seine Königliche Hoheit der Fürst von Bulgarien; der Präsident der Republik Chile; der Präsident der Republik Kolumbien; der einstweilige Gouverneur der Republik Kuba; Seine Majestät der König von Dänemark; der Präsident der Dominikanischen Republik; der Präsident der Republik Ecuador; der Präsident der Französischen Republik; Seine Majestät der König des Vereinigten Königreichs von Grossbritannien und Irland und der Britischen überseeischen Lande, Kaiser von Indien; Seine Majestät der König der Hellenen; der Präsident der Republik Guatemala; der Präsident der Republik Haiti; Seine Majestät der König von Italien; Seine Majestät der Kaiser von Japan; Seine Königliche Hoheit der Grossherzog von Luxemburg, Herzog zu Nassau; der Präsident der Vereinigten Staaten von Mexiko; Seine Königliche Hoheit der Fürst von Montenegro; Seine Majestät der König von Norwegen; der Präsident der Republik Panama; der Präsident der Republik Paraguay; Ihre Majestät die Königin der Niederlande; der Präsident der Republik Peru; Seine Kaiserliche Majestät der Schah von Persien; Seine Majestät der König von Portugal und Algarbien usw.; Seine Majestät der König von Rumänien; Seine Majestät der Kaiser aller Reussen; der Präsident der Republik Salvador; Seine Majestät der König von Serbien; Seine Majestät der König von Siam; Seine Majestät der König von Schweden; der Schweizerische Bundesrat; Seine Majestät der Kaiser der Osmanen; der Präsident des Orientalischen Freistaats Uruguay; der Präsident der Vereinigten Staaten von Venezuela,*

von dem Bestreben beseelt, den von der ersten Friedenskonferenz in Ansehung der Beschiessung unverteidigter Häfen, Städte und Dörfer durch Seestreitkräfte ausgesprochenen Wunsch zu verwirklichen,

BS **11** 456; BBl **1909** I 1
[1] Der Originaltext findet sich unter der gleichen Nummer in der französischen Ausgabe dieser Sammlung.
[2] Sogenanntes IX. Abkommen der Haager Friedenskonferenz von 1907. Die Schlussakte dieser Konferenz siehe in SR **0.193.212** am Schluss.
[3] BS **11** 229

in der Erwägung, dass es von Wert ist, die Beschiessung durch Seestreitkräfte allgemeinen Bestimmungen, welche die Rechte der Einwohner gewährleisten und die Erhaltung der hauptsächlichsten Bauten sichern, zu unterwerfen, indem auf diese Kriegsunternehmung soweit wie möglich die Grundsätze des Reglements betreffend die Gesetze und Gebräuche des Landkriegs von 1899[4] ausgedehnt werden,

demgemäss von dem Wunsche ausgehend, den Interessen der Menschlichkeit zu dienen und die Härten und das Unheil des Krieges zu mildern,

haben beschlossen, zu diesem Zwecke ein Abkommen zu treffen, und haben demzufolge zu Ihren Bevollmächtigten ernannt:

*(Es folgen die Namen der Bevollmächtigten)*

welche, nachdem sie ihre Vollmachten hinterlegt und diese in guter und gehöriger Form befunden haben, über folgende Bestimmungen übereingekommen sind:

## I. Kapitel:
## Beschiessung unverteidigter Häfen, Städte, Dörfer, Wohnstätten oder Gebäude

### Art. 1

Es ist untersagt, unverteidigte Häfen, Städte, Dörfer, Wohnstätten oder Gebäude durch Seestreitkräfte zu beschiessen.

Eine Ortschaft darf nicht aus dem Grunde allein beschossen werden, weil vor ihrem Hafen unterseeische selbsttätige Kontaktminen gelegt sind.

### Art. 2

In diesem Verbote sind jedoch nicht einbegriffen militärische Werke, Militär- oder Marineanlagen, Niederlagen von Waffen oder von Kriegsmaterial, Werkstätten und Einrichtungen, die für die Bedürfnisse der feindlichen Flotte oder des feindlichen Heeres nutzbar gemacht werden können sowie im Hafen befindliche Kriegsschiffe. Der Befehlshaber einer Seestreitmacht kann sie nach Aufforderung mit angemessener Frist durch Geschützfeuer zerstören, wenn jedes andere Mittel ausgeschlossen ist und die Ortsbehörden nicht innerhalb der gestellten Frist zu der Zerstörung geschritten sind.

Ihn trifft in diesem Falle keine Verantwortung für den nicht beabsichtigten Schaden, der durch die Beschiessung etwa verursacht worden ist.

Wenn zwingende militärische Gründe, die ein sofortiges Handeln erfordern, die Bewilligung einer Frist nicht gestatten, so versteht es sich, dass das Verbot der Beschiessung der unverteidigten Stadt ebenso wie im Falle des Absatzes 1 bestehen bleibt und dass der Befehlshaber alle erforderlichen Anordnungen zu treffen hat, damit daraus für die Stadt möglichst wenig Nachteile entstehen.

---

[4] SR **0.515.111** am Schluss

## Art. 3

Nach ausdrücklicher Ankündigung kann zur Beschiessung unverteidigter Häfen, Städte, Dörfer, Wohnstätten und Gebäude geschritten werden, wenn die Ortsbehörde, nachdem sie durch eine förmliche Aufforderung in Verzug gesetzt ist, sich weigert, einer Requisition von Lebensmitteln oder Vorräten nachzukommen, die für das augenblickliche Bedürfnis der vor der Ortschaft liegenden Seestreitmacht benötigt werden.

Die requirierten Leistungen müssen im Verhältnisse zu den Hilfsquellen der Ortschaft stehen. Sie sollen nur mit Ermächtigung des Befehlshabers der Seestreitmacht gefordert und soviel wie möglich bar bezahlt werden; andernfalls sind dafür Empfangsbescheinigungen auszustellen.

## Art. 4

Es ist untersagt, unverteidigte Häfen, Städte, Dörfer, Wohnstätten und Gebäude zu beschiessen, weil sie Auflagen in Geld nicht bezahlt haben.

## II. Kapitel:
## Allgemeine Bestimmungen

## Art. 5

Bei der Beschiessung durch Seestreitkräfte sollen von dem Befehlshaber alle erforderlichen Vorkehrungen getroffen werden, um die dem Gottesdienste, der Kunst, der Wissenschaft und der Wohltätigkeit gewidmeten Gebäude, die geschichtlichen Denkmäler, die Hospitäler und Sammelplätze für Kranke oder Verwundete soviel wie möglich zu schonen, vorausgesetzt, dass sie nicht gleichzeitig zu einem militärischen Zwecke Verwendung finden.

Pflicht der Einwohner ist es, diese Denkmäler, Gebäude oder Sammelplätze durch deutliche Zeichen kenntlich zu machen, die aus grossen und steifen rechteckigen Flächen bestehen und diagonal in zwei Dreiecke, das obere von schwarzer, das untere von weisser Farbe, geteilt sein sollen.

## Art. 6

Mit Ausnahme des Falles, wo militärische Rücksichten es nicht gestatten, soll der Befehlshaber der angreifenden Seestreitmacht vor Eröffnung der Beschiessung alles, was an ihm liegt, tun, um die Behörden zu benachrichtigen.

## Art. 7

Es ist untersagt, Städte oder Ortschaften, selbst wenn sie im Sturme genommen sind, der Plünderung preiszugeben.

## III. Kapitel:
## Schlussbestimmungen

**Art. 8**

Die Bestimmungen dieses Abkommens finden nur zwischen den Vertragsmächten Anwendung und nur dann, wenn die Kriegführenden sämtlich Vertragsparteien sind.

**Art. 9**

Dieses Abkommen soll möglichst bald ratifiziert werden.

Die Ratifikationsurkunden sollen in Den Haag hinterlegt werden.

Die erste Hinterlegung von Ratifikationsurkunden wird durch ein Protokoll festgestellt, das von den Vertretern der daran teilnehmenden Mächte und von dem niederländischen Minister der auswärtigen Angelegenheiten unterzeichnet wird.

Die späteren Hinterlegungen von Ratifikationsurkunden erfolgen mittels einer schriftlichen, an die Regierung der Niederlande gerichteten Anzeige, der die Ratiflkationsurkunde beizufügen ist.

Beglaubigte Abschrift des Protokolls über die erste Hinterlegung von Ratifikationsurkunden, der im vorstehenden Absatz erwähnten Anzeigen sowie der Ratifikationsurkunden wird durch die Regierung der Niederlande unverzüglich den zur zweiten Friedenskonferenz eingeladenen Mächten sowie den anderen Mächten, die dem Abkommen beigetreten sind, auf diplomatischem Wege mitgeteilt werden. In den Fällen des vorstehenden Absatzes wird die bezeichnete Regierung ihnen zugleich bekanntgeben, an welchem Tage sie die Anzeige erhalten hat.

**Art. 10**

Die Mächte, die nicht unterzeichnet haben, können diesem Abkommen später beitreten.

Die Macht, die beizutreten wünscht, hat ihre Absicht der Regierung der Niederlande schriftlich anzuzeigen und ihr dabei die Beitrittsurkunde zu übersenden, die im Archive der bezeichneten Regierung hinterlegt werden wird.

Diese Regierung wird unverzüglich allen anderen Mächten beglaubigte Abschrift der Anzeige wie der Beitrittsurkunde übersenden und zugleich angeben, an welchem Tage sie die Anzeige erhalten hat.

**Art. 11**

Dieses Abkommen wird wirksam für die Mächte, die an der ersten Hinterlegung von Ratifikationsurkunden teilgenommen haben, sechzig Tage nach dem Tage, an dem das Protokoll über diese Hinterlegung aufgenommen ist, und für die später ratifizierenden oder beitretenden Mächte sechzig Tage, nachdem die Regierung der Niederlande die Anzeige von ihrer Ratifikation oder von ihrem Beitritt erhalten hat.

**Art. 12**

Sollte eine der Vertragsmächte dieses Abkommen kündigen wollen, so soll die Kündigung schriftlich der Regierung der Niederlande erklärt werden, die unverzüglich beglaubigte Abschrift der Erklärung allen anderen Mächten mitteilt und ihnen zugleich bekanntgibt, an welchem Tage sie die Erklärung erhalten hat.

Die Kündigung soll nur in Ansehung der Macht wirksam sein, die sie erklärt hat, und erst ein Jahr, nachdem die Erklärung bei der Regierung der Niederlande eingegangen ist.

**Art. 13**

Ein im niederländischen Ministerium der auswärtigen Angelegenheiten geführtes Register soll den Tag der gemäss Artikel 9 Absätze 3 und 4 erfolgten Hinterlegung von Ratifikationsurkunden angeben sowie den Tag, an dem die Anzeigen von dem Beitritt (Artikel 10 Absatz 2) oder von der Kündigung (Artikel 12 Absatz 1) eingegangen sind.

Jede Vertragsmacht hat das Recht, von diesem Register Kenntnis zu nehmen und beglaubigte Auszüge daraus zu verlangen.

*Zu Urkund dessen* haben die Bevollmächtigten dieses Abkommen mit ihren Unterschriften versehen.

Geschehen in Den Haag, am achtzehnten Oktober neunzehnhundertsieben in einer einzigen Ausfertigung, die im Archive der Regierung der Niederlande hinterlegt bleiben soll und wovon beglaubigte Abschriften den zur zweiten Friedenskonferenz eingeladenen Mächten auf diplomatischem Wege übergeben werden sollen.

# Geltungsbereich des Abkommens am 1. April 1981

| Vertragsstaaten | Ratifikation oder Beitritt Nachfolgeerklärung (N) | | Inkrafttreten | |
|---|---|---|---|---|
| Äthiopien | 5. August | 1935 | 4. Oktober | 1935 |
| Belgien | 8. August | 1910 | 7. Oktober | 1910 |
| Bolivien | 27. November | 1909 | 26. Januar | 1910 |
| Brasilien | 5. Januar | 1914 | 6. März | 1914 |
| China | 15. Januar | 1910 | 16. März | 1910 |
| Dänemark | 27. November | 1909 | 26. Januar | 1910 |
| Deutschland* | 27. November | 1909 | 26. Januar | 1910 |
| El Salvador | 27. November | 1909 | 26. Januar | 1910 |
| Fidschi | 26. Januar | 1973 N | 10. Oktober | 1970 |
| Finnland | 9. Juni | 1922 | 8. August | 1922 |
| Frankreich* | 7. Oktober | 1910 | 6. Dezember | 1910 |
| Grossbritannien* | 27. November | 1909 | 26. Januar | 1910 |
| Guatemala | 13. April | 1910 | 12. Juni | 1910 |
| Haiti | 2. Februar | 1910 | 3. April | 1910 |
| Japan* | 13. Dezember | 1911 | 11. Februar | 1912 |
| Kuba | 22. Februar | 1912 | 22. April | 1912 |
| Liberia | 4. Februar | 1914 | 5. April | 1914 |
| Luxemburg | 5. September | 1912 | 4. November | 1912 |
| Mexiko | 27. November | 1909 | 26. Januar | 1910 |
| Nicaragua | 16. Dezember | 1909 | 14. Februar | 1910 |
| Niederlande | 27. November | 1909 | 26. Januar | 1910 |
| Norwegen | 19. September | 1910 | 18. November | 1910 |
| Österreich | 27. November | 1909 | 26. Januar | 1910 |
| Panama | 11. September | 1911 | 10. November | 1911 |
| Polen | 31. Mai | 1935 | 30. Juli | 1935 |
| Portugal | 13. April | 1911 | 12. Juni | 1911 |
| Rumänien | 1. März | 1912 | 30. April | 1912 |
| Schweden | 27. November | 1909 | 26. Januar | 1910 |
| Schweiz | 12. Mai | 1910 | 11. Juli | 1910 |
| Sowjetunion | 27. November | 1909 | 26. Januar | 1910 |
| Spanien | 24. Februar | 1913 | 25. April | 1913 |
| Südafrika | 10. März | 1978 N | 31. Mai | 1910 |
| Thailand | 12. März | 1910 | 11. Mai | 1910 |
| Ungarn | 27. November | 1909 | 26. Januar | 1910 |
| Vereinigte Staaten von Amerika | 27. November | 1909 | 26. Januar | 1910 |

\* Vorbehalte siehe hiernach.

## Vorbehalte

**Deutschland**

Unter Vorbehalt von Art. 1 Abs. 2.

**Frankreich**

Unter Vorbehalt von Art. 1 Abs. 2.

**Grossbritannien**

Unter Vorbehalt von Art. 1 Abs. 2.

**Japan**

Unter Vorbehalt von Art. 1 Abs. 2.

# Abkommen
## über gewisse Beschränkungen
## in der Ausübung des Beuterechts im Seekriege[2]

Abgeschlossen in Den Haag am 18. Oktober 1907

*Seine Majestät der Deutsche Kaiser, König von Preussen; der Präsident de Vereinigten Staaten von Amerika; der Präsident der Argentinischen Republik; Seine Majestät der Kaiser von Österreich, König von Böhmen usw. und Apostolischer König von Ungarn; Seine Majestät der König der Belgier; der Präsident der Republik Bolivien; der Präsident der Republik der Vereinigten Staaten von Brasilien; Seine Königliche Hoheit der Fürst von Bulgarien; der Präsident der Republik Chile; der Präsident der Republik Kolumbien; der einstweilige Gouverneur der Republik Kuba; Seine Majestät der König von Dänemark; der Präsident der Dominikanischen Republik; der Präsident der Republik Ecuador; Seine Majestät der König von Spanien; der Präsident der Französischen Republik; Seine Majestät der König des Vereinigten Königreichs von Grossbritannien und Irland und der Britischen überseeischen Lande, Kaiser von Indien; Seine Majestät der König der Hellenen; der Präsident der Republik Guatemala; der Präsident der Republik Haiti; Seine Majestät der König von Italien; Seine Majestät der Kaiser von Japan; Seine Königliche Hoheit der Grossherzog von Luxemburg, Herzog zu Nassau; der Präsident der Vereinigten Staaten von Mexiko; Seine Majestät der König von Norwegen; der Präsident der Republik Panama; der Präsident der Republik Paraguay; Ihre Majestät die Königin der Niederlande; der Präsident der Republik Peru; Seine Kaiserliche Majestät der Schah von Persien; Seine Majestät der König von Portugal und Algarbien usw.; Seine Majestät der König von Rumänien; der Präsident der Republik Salvador; Seine Majestät der König von Serbien; Seine Majestät der König von Siam; Seine Majestät der König von Schweden; der Schweizerische Bundesrat; Seine Majestät der Kaiser der Osmanen; der Präsident des Orientalischen Freistaats Uruguay; der Präsident der Vereinigten Staaten von Venezuela,*

in Anerkennung der Notwendigkeit, in Kriegszeiten eine billige Handhabung des Rechts in Ansehung des internationalen Seeverkehrs mehr als bisher zu sichern,

in der Meinung, dass es, um dieses zu erreichen, ratsam erscheint, im gemeinsamen Interesse gewisse veraltete und einander widersprechende Übungen aufzugeben oder

BS **11** 462; BBl **1909** I 1
1    Der Originaltext findet sich unter der gleichen Nummer in der französischen Ausgabe dieser Sammlung.
2    Sogenanntes XI. Abkommen der Haager Friedenskonferenz von 1907. Die Schlussakte dieser Konferenz siehe in SR **0.193.212** am Schluss.
3    BS **11** 229

gegebenenfalls miteinander in Einklang zu bringen und an die Zusammenstellung gemeinsamer Regeln für den dein friedlichen Handel und der harmlosen Arbeit gebührenden Schutz sowie für die Kriegsführung zur See zu gehen, dass es ferner von Wert ist, in schriftlichen gegenseitigen Verpflichtungen die Grundsätze festzulegen, die bisher dem unsicheren Gebiete der Streitfragen angehörten oder dem Ermessen der Regierungen überlassen waren,

dass gegenwärtig eine gewisse Anzahl von Regeln aufgestellt werden können, ohne das in Geltung befindliche Recht in Ansehung der darin nicht vorgesehenen Gebiete zu berühren,

haben zu ihren Bevollmächtigten ernannt:

*(Es folgen die Namen der Bevollmächtigten*

welche, nachdem sie ihre Vollmachten hinterlegt und diese in guter und gehöriger Form befunden haben, über folgende Bestimmungen übereingekommen sind.

## I. Kapitel:
## Briefpostsendungen

### Art. 1

Die auf See auf neutralen oder feindlichen Schiffen vorgefundenen Briefpostsendungen der Neutralen oder der Kriegführenden, mögen sie amtlicher oder privater Natur sein, sind unverletzlich. Erfolgt die Beschlagnahme des Schiffes, so sind sie von dem Beschlagnehmenden möglichst unverzüglich weiterzubefördern.

Die Bestimmungen des vorstehenden Absatzes finden im Falle des Blockadebruchs keine Anwendung auf die Briefsendungen, die nach dem blockierten Hafen bestimmt sind oder von ihm kommen.

### Art. 2

Die Unverletzlichkeit der Briefpostsendungen entzieht die neutralen Postdampfer nicht den Gesetzen und Gebräuchen des Seekriegs, welche die neutralen Kauffahrteischiffe im allgemeinen betreffen. Doch soll ihre Durchsuchung nur im Notfall unter möglichster Schonung und mit möglichster Beschleunigung vorgenommen werden.

## II. Kapitel:
## Befreiung gewisser Fahrzeuge von der Wegnahme

### Art. 3

Die ausschliesslich der Küstenfischerei oder der kleinen Lokalschiffahrt dienenden Fahrzeuge sowie ihr Fischereigerät, ihre Takelage, ihr Schiffsgerät und ihre Ladung sind von der Wegnahme befreit.

Die Befreiung hört auf, sobald sie in irgendwelcher Art an den Feindseligkeiten teilnehmen.

Die Vertragsmächte versagen es sich, den harmlosen Charakter dieser Fahrzeuge auszunutzen, um sie unter Beibehaltung ihres friedlichen Aussehens zu militärischen Zwecken zu verwenden.

### Art. 4

Von der Wegnahme sind gleichermassen die Schiffe befreit, die mit religiösen, wissenschaftlichen oder menschenfreundlichen Aufgaben betraut sind.

## III. Kapitel:
## Behandlung der Besatzung der von einem Kriegführenden weggenommenen feindlichen Kauffahrteischiffe

### Art. 5

Wird von einem Kriegführenden ein feindliches Kauffahrteischiff weggenommen, so wird dessen Mannschaft, soweit sie einem neutralen Staate angehört, nicht zu Kriegsgefangenen gemacht.

Das gleiche gilt von dem Kapitän und den Offizieren, die ebenfalls einem neutralen Staate angehören, wenn sie ein förmliches schriftliches Versprechen abgeben, während der Dauer des Krieges auf keinem feindlichen Schiffe Dienste zu nehmen.

### Art. 6

Der Kapitän, die Offiziere und die Mitglieder der Mannschaft, die dem feindlichen Staate angehören, werden nicht zu Kriegsgefangenen gemacht, sofern sie sich unter Bekräftigung mit einem förmlichen schriftlichen Versprechen verpflichten, während der Dauer der Feindseligkeiten keinen Dienst zu übernehmen, der mit den Kriegsunternehmungen im Zusammenhange steht.

### Art. 7

Die Namen der unter den Voraussetzungen des Artikels 5 Absatz 2 und des Artikels 6 freigelassenen Personen werden von der nehmenden Kriegsmacht der anderen Kriegsmacht mitgeteilt. Dieser ist es untersagt, solche Personen wissentlich zu verwenden.

### Art. 8

Die Bestimmungen der drei vorstehenden Artikel finden keine Anwendung auf Schiffe, die an den Feindseligkeiten teilnehmen.

## IV. Kapitel:
## Schlussbestimmungen

**Art. 9**

Die Bestimmungen dieses Abkommens finden nur zwischen den Vertragsmächten Anwendung und nur dann, wenn die Kriegführenden sämtlich Vertragsparteien sind.

**Art. 10**

Dieses Abkommen soll möglichst bald ratifiziert werden.

Die Ratifikationsurkunden sollen in Den Haag hinterlegt werden.

Die erste Hinterlegung von Ratifikationsurkunden wird durch ein Protokoll festgestellt, das von den Vertretern der daran teilnehmenden Mächte und von dem niederländischen Minister der auswärtigen Angelegenheiten unterzeichnet wird.

Die späteren Hinterlegungen von Ratitikationsurkunden erfolgen mittels einer schriftlichen, an die Regierung der Niederlande gerichteten Anzeige, der die Ratiflkationsurkunde beizufügen ist.

Beglaubigte Abschrift des Protokolls über die erste Hinterlegung von Ratifikationsurkunden, der im vorstehenden Absatz erwähnten Anzeigen sowie der Ratifikationsurkunden wird durch die Regierung der Niederlande unverzüglich den zur zweiten Friedenskonferenz eingeladenen Mächten sowie den anderen Mächten, die dem Abkommen beigetreten sind, auf diplomatischem Wege mitgeteilt werden. In den Fällen des vorstehenden Absatzes wird die bezeichnete Regierung ihnen zugleich bekanntgeben, an welchem Tage sie die Anzeige erhalten hat.

**Art. 11**

Die Mächte, die nicht unterzeichnet haben, können diesem Abkommen später beitreten.

Die Macht, die beizutreten wünscht, hat ihre Absicht der Regierung der Niederlande schriftlich anzuzeigen und ihr dabei die Beitrittsurkunde zu übersenden, die im Archive der bezeichneten Regierung hinterlegt werden wird.

Diese Regierung wird unverzüglich allen andern Mächten beglaubigte Abschrift der Anzeige wie der Beitrittsurkunde übersenden und zugleich angeben, an welchem Tage sie die Anzeige erhalten hat.

**Art. 12**

Dieses Abkommen wird wirksam für die Mächte, die an der ersten Hinterlegung von Ratifikationsurkunden teilgenommen haben, sechzig Tage nach dem Tage, an dem das Protokoll über diese Hinterlegung aufgenommen worden ist, und für die später ratifizierenden oder beitretenden Mächte sechzig Tage, nachdem die Regierung der Niederlande die Anzeige von ihrer Ratifikation oder von ihrem Beitritt erhalten hat.

**Art. 13**

Sollte eine der Vertragsmächte dieses Abkommen kündigen wollen, so soll die Kündigung schriftlich der Regierung der Niederlande erklärt werden, die unverzüglich beglaubigte Abschrift der Erklärung allen anderen Mächten mitteilt und ihnen zugleich bekanntgibt, an welchem Tage sie die Erklärung erhalten hat.

Die Kündigung soll nur in Ansehung der Macht wirksam sein, die sie erklärt hat, und erst ein Jahr, nachdem die Erklärung bei der Regierung der Niederlande eingegangen ist.

**Art. 14**

Ein im niederländischen Ministerium der auswärtigen Angelegenheiten geführtes Register soll den Tag der gemäss Artikel 10 Absätze 3 und 4 erfolgten Hinterlegung von Ratifikationsurkunden angeben sowie den Tag, an dem die Anzeigen von dem Beitritt (Artikel 11 Absatz 2) oder von der Kündigung (Artikel 13 Absatz 1) eingegangen sind.

Jede Vertragsmacht hat das Recht, von diesem Register Kenntnis zu nehmen und beglaubigte Auszüge daraus zu verlangen.

*Zu Urkund dessen* haben die Bevollmächtigten dieses Abkommen mit ihren Unterschriften versehen.

Geschehen in Den Haag, am achtzehnten Oktober neunzehnhundertsieben in einer einzigen Ausfertigung, die im Archive der Regierung der Niederlande hinterlegt bleiben soll und wovon beglaubigte Abschriften den zur zweiten Friedenskonferenz eingeladenen Mächten auf diplomatischem Wege übergeben werden sollen.

## Geltungsbereich des Abkommens am 1. April 1981

| Vertragsstaaten | Ratifikation oder Beitritt Nachfolgeerklärung (N) | | Inkrafttreten | |
|---|---|---|---|---|
| Äthiopien | 5. August | 1935 | 4. Oktober | 1935 |
| Belgien | 8. August | 1910 | 7. Oktober | 1910 |
| Brasilien | 5. Januar | 1914 | 6. März | 1914 |
| China | 10. Mai | 1917 | 9. Juli | 1917 |
| Dänemark | 27. November | 1909 | 26. Januar | 1910 |
| Deutschland | 27. November | 1909 | 26. Januar | 1910 |
| El Salvador | 27. November | 1909 | 26. Januar | 1910 |
| Fidschi | 26. Januar | 1973 N | 10. Oktober | 1970 |
| Finnland | 9. Juni | 1922 | 8. August | 1922 |
| Frankreich | 7. Oktober | 1910 | 6. Dezember | 1910 |
| Grossbritannien | 27. November | 1909 | 26. Januar | 1910 |
| Guatemala | 13. April | 1910 | 12. Juni | 1910 |
| Haiti | 2. Februar | 1910 | 3. April | 1910 |
| Japan | 13. Dezember | 1911 | 11. Februar | 1912 |
| Liberia | 4. Februar | 1914 | 5. April | 1914 |
| Luxemburg | 5. September | 1912 | 4. November | 1912 |
| Mexiko | 27. November | 1909 | 26. Januar | 1910 |
| Nicaragua | 16. Dezember | 1909 | 14. Februar | 1910 |
| Niederlande | 27. November | 1909 | 26. Januar | 1910 |
| Norwegen | 19. September | 1910 | 18. November | 1910 |
| Österreich | 27. November | 1909 | 26. Januar | 1910 |
| Panama | 11. September | 1911 | 10. November | 1911 |
| Polen | 31. Mai | 1935 | 30. Juli | 1935 |
| Portugal | 13. April | 1911 | 12. Juni | 1911 |
| Rumänien | 1. März | 1912 | 30. April | 1912 |
| Schweden | 27. November | 1909 | 26. Januar | 1910 |
| Schweiz | 12. Mai | 1910 | 11. Juli | 1910 |
| Spanien | 18. März | 1913 | 17. Mai | 1913 |
| Südafrika | 10. März | 1978 N | 31. Mai | 1910 |
| Thailand | 12. März | 1910 | 11. Mai | 1910 |
| Ungarn | 27. November | 1909 | 26. Januar | 1910 |
| Vereinigte Staaten von Amerika | 27. November | 1909 | 26. Januar | 1910 |

# Regeln
# betreffend die Massnahmen
# der Unterseeboote gegen Handelsschiffe

Aufgestellt in London am 6. November 1936

Um den Regeln, die in Teil IV (Artikel 22) des Londoner Vertrags vom 22. April 1930 zur Beschränkung und Herabsetzung der Flottenrüstungen aufgestellt sind, allgemeine Geltung zu verschaffen, haben die Vertreter der Vereinigten Staaten von Amerika, Frankreichs, Grossbritanniens, Italiens, Japans, Südafrikas, Australiens, Kanadas, Indiens, Irlands und Neuseelands am 6. November 1936 in London ein «Protokoll» unterzeichnet, laut welchem sie die Staaten, die den vorerwähnten Vertrag nicht unterzeichnet haben, einladen, ausdrücklich und ohne zeitliche Beschränkung folgenden «Regeln» beizutreten:

«1. Bei Massnahmen gegen Handelsschiffe müssen sich Unterseeboote an die internationalen Rechtsbestimmungen halten, denen die Überwasserschiffe unterliegen.

2. Insbesondere darf in Zukunft ein Kriegsschiff, sei es ein Überwasserschiff oder ein Unterseeboot, ein Handelsschiff nicht versenken oder unschädlich machen, bevor nicht die Fahrgäste, die Mannschaft und die Schiffspapiere an einen sicheren Platz gebracht worden sind. Ausgenommen sind Fälle, in denen sich Handelsschiffe, die ordnungsgemäss gewarnt worden sind, hartnäckig weigern, anzuhalten oder einem Besuch bzw. einer Durchsuchung aktiven Widerstand entgegensetzen. Die Rettungsboote der Handelsschiffe werden nicht als sicherer Platz angesehen, solange nicht die Sicherheit der Fahrgäste und der Mannschaft unter den bestehenden Wetterbedingungen oder angesichts der Nähe von Land oder der Anwesenheit eines andern Fahrzeugs, das imstande wäre, sie an Bord zu nehmen, gewährleistet ist.»

Der Bundesrat hat am 14. Mai 1937 beschlossen, vorbehaltlos und ohne zeitliche Beschränkung diesen Regeln beizutreten.

# Geltungsbereich der Regeln am 1. April 1981

| Vertragsstaaten | Beitritt<br>Bestätigung (Best) | Inkrafttreten |
|---|---|---|
| Ägypten | 23. Juni 1937 | 23. Juni 1937 |
| Afghanistan | 25. Mai 1937 | 25. Mai 1937 |
| Albanien | 3. März 1937 | 3. März 1937 |
| Australien* | 6. November 1936 | 6. November 1936 |
| Belgien | 23. Dezember 1936 | 23. Dezember 1936 |
| Brasilien | 31. Dezember 1937 | 31. Dezember 1937 |
| Bulgarien | 1. März 1937 | 1. März 1937 |
| Costa Rica | 7. Juli 1937 | 7. Juli 1937 |
| Dänemark | 21. April 1937 | 21. April 1937 |
| Deutschland | 23. November 1936 | 23. November 1936 |
| El Salvador | 24. November 1937 | 24. November 1937 |
| Finnland | 18. Februar 1937 | 18. Februar 1937 |
| Frankreich | 6. November 1936 | 6. November 1936 |
| Griechenland | 11. Januar 1937 | 11. Januar 1937 |
| Grossbritannien* | 6. November 1936 | 6. November 1936 |
| Guatemala | 8. September 1938 | 8. September 1938 |
| Haiti | 23. Januar 1937 | 23. Januar 1937 |
| Indien* | 6. November 1936 | 6. November 1936 |
| Irak | 27. Dezember 1937 | 27. Dezember 1937 |
| Iran | 21. Januar 1939 | 21. Januar 1939 |
| Irland* | 6. November 1936 | 6. November 1936 |
| Italien | 6. November 1936 | 6. November 1936 |
| Japan* | 6. November 1936 | 6. November 1936 |
| Jugoslawien | 19. April 1937 | 19. April 1937 |
| Kanada* | 6. November 1936 | 6. November 1936 |
| Mexiko | 3. Januar 1938 | 3. Januar 1938 |
| Nepal | 27. Januar 1937 | 27. Januar 1937 |
| Neuseeland* | 6. November 1936 | 6. November 1936 |
| Niederlande<br>Niederl. Indien,<br>Surinam und Curaçao | 30. September 1937 | 30. September 1937 |
| Norwegen | 21. Mai 1937 | 21. Mai 1937 |
| Österreich | 1. April 1937 | 1. April 1937 |
| Panama | 26. Februar 1937 | 26. Februar 1937 |
| Peru | 3. Juni 1937 | 3. Juni 1937 |
| Polen | 21. Juli 1937 | 21. Juli 1937 |
| Saudi-Arabien | 11. Juni 1937 | 11. Juni 1937 |
| Schweden | 15. Februar 1937 | 15. Februar 1937 |
| Schweiz | 22. Mai 1937 | 22. Mai 1937 |
| Sowjetunion | 27. Dezember 1936 | 27. Dezember 1936 |
| Südafrika* | 6. November 1936 | 6. November 1936 |
| Thailand | 12. Januar 1938 | 12. Januar 1938 |
| Tonga | 22. Juni 1971 Best | 4. Juni 1970 |

| Vertragsstaaten | Beitritt Bestätigung (Best) | Inkrafttreten |
|---|---|---|
| Tschechoslowakei | 14. September 1937 | 14. September 1937 |
| Türkei | 7. Juli 1937 | 7. Juli 1937 |
| Ungarn | 8. Dezember 1937 | 8. Dezember 1937 |
| Vatikanstadt | 16. März 1937 | 16. März 1937 |
| Vereinigte Staaten von Amerika* | 6. November 1936 | 6. November 1936 |

\* Dieser Staat ist an die Regeln gebunden durch Ratifikation des Londoner Vertrages vom 22. April 1930 zur Beschränkung und Herabsetzung der Flottenrüstungen.

# Abkommen
# betreffend die Rechte und Pflichten der neutralen Mächte und Personen im Falle eines Landkriegs[2]

Abgeschlossen in Den Haag am 18. Oktober 1907
Von der Bundesversammlung genehmigt am 4. April 1910[3]
Schweizerische Ratifikationsurkunde hinterlegt am 12. Mai 1910
In Kraft getreten für die Schweiz am 11. Juli 1910

*Seine Majestät der Deutsche Kaiser, König von Preussen; der Präsident der Vereinigten Staaten von Amerika; der Präsident der Argentinischen Republik; Seine Majestät der Kaiser von Österreich, König von Böhmen usw., und Apostolischer König von Ungarn; Seine Majestät der König der Belgier; der Präsident der Republik Bolivien; der Präsident der Republik der Vereinigten Staaten von Brasilien; Seine Königliche Hoheit der Fürst von Bulgarien; der Präsident der Republik Chile; der Präsident der Republik Kolumbien; der einstweilige Gouverneur der Republik Kuba; Seine Majestät der König von Dänemark; der Präsident der Dominikanischen Republik; der Präsident der Republik Ecuador; Seine Majestät der König von Spanien; der Präsident der Französischen Republik; Seine Majestät der König des Vereinigten Königreichs von Grossbritannien und Irland und der Britischen überseeischen Lande, Kaiser von Indien; Seine Majestät der König der Hellenen; der Präsident der Republik Guatemala; der Präsident der Republik Haiti; Seine Majestät der König von Italien; Seine Majestät der Kaiser von Japan; Seine Königliche Hoheit der Grossherzog von Luxemburg, Herzog zu Nassau; der Präsident der Vereinigten Staaten von Mexiko; Seine Königliche Hoheit der Fürst von Montenegro; Seine Majestät der König von Norwegen; der Präsident der Republik Panama; der Präsident der Republik Paraguay; Ihre Majestät die Königin der Niederlande; der Präsident der Republik Peru; Seine Kaiserliche Majestät der Schah von Persien; Seine Majestät der König von Portugal und Algarbien usw.; Seine Majestät der König von Rumänien; Seine Majestät der Kaiser aller Reussen; der Präsident der Republik Salvador; Seine Majestät der König von Serbien; Seine Majestät der König von Siam; Seine Majestät der König von Schweden; der Schweizerische Bundesrat; Seine Majestät der Kaiser der Osmanen; der Präsident des Orientalischen Freistaats Uruguay; der Präsident der Vereinigten Staaten von Venezuela,*

in der Absicht, die Rechte und Pflichten der neutralen Mächte im Falle eines Landkrieges genauer festzustellen und die Lage der auf neutrales Gebiet geflüchteten Angehörigen einer Kriegsmacht zu regeln,

BS **11** 469; BBl **1909** I 1
1  Der Originaltext findet sich unter der gleichen Nummer in der französischen Ausgabe dieser Sammlung.
2  Sogenanntes V. Abkommen der Haager Friedenskonferenz von 1907. Die Schlussakte dieser Konferenz siehe im SR **0.193.212** am Schluss.
3  BS **11** 229

sowie von dem Wunsche geleitet, den Begriff des Neutralen zu bestimmen, in Erwartung der Zeit, wo es möglich sein wird, die Lage neutraler Privatpersonen in ihren Beziehungen zu den Kriegführenden im ganzen zu regeln,

haben beschlossen, zu diesem Zwecke ein Abkommen zu treffen, und haben demzufolge zu ihren Bevollmächtigten ernannt:

*(Es folgen die Namen der Bevollmächtigten)*

welche, nachdem sie ihre Vollmachten hinterlegt und diese in guter und gehöriger Form befunden haben, über folgende Bestimmungen übereingekommen sind:

## I. Kapitel:
## Rechte und Pflichten der neutralen Mächte

**Art. 1**

Das Gebiet der neutralen Mächte ist unverletzlich.

**Art. 2**

Es ist den Kriegführenden untersagt, Truppen oder Munitions- oder Verpflegungskolonnen durch das Gebiet einer neutralen Macht hindurchzuführen.

**Art. 3**

Es ist den Kriegführenden gleichermassen untersagt:

a) auf dem Gebiete einer neutralen Macht eine funkentelegrafische Station einzurichten oder sonst irgendeine Anlage, die bestimmt ist, einen Verkehr mit den kriegführenden Land- oder Seestreitmächten zu vermitteln;

b) irgendeine Einrichtung dieser Art zu benutzen, die von ihnen vor dem Kriege auf dem Gebiete der neutralen Macht zu einem ausschliesslich militärischen Zwecke hergestellt und nicht für den öffentlichen Nachrichtendienst freigegeben worden ist.

**Art. 4**

Auf dem Gebiet einer neutralen Macht dürfen zugunsten der Kriegführenden weder Korps von Kombattanten gebildet noch Werbestellen eröffnet werden.

**Art. 5**

Eine neutrale Macht darf auf ihrem Gebiete keine der in den Artikeln 2–4 bezeichneten Handlungen dulden.

Sie ist nur dann verpflichtet, Handlungen, die der Neutralität zuwiderlaufen, zu bestrafen, wenn diese Handlungen auf ihrem eigenen Gebiete begangen worden sind.

### Art. 6

Eine neutrale Macht ist nicht dafür verantwortlich, dass Leute einzeln die Grenze überschreiten, um in den Dienst eines Kriegführenden zu treten.

### Art. 7

Eine neutrale Macht ist nicht verpflichtet, die für Rechnung des einen oder des anderen Kriegführenden erfolgende Ausfuhr oder Durchfuhr von Waffen, Munition und überhaupt von allem, was für ein Heer oder eine Flotte nützlich sein kann, zu verhindern.

### Art. 8

Eine neutrale Macht ist nicht verpflichtet, für Kriegführende die Benutzung von Telegrafen- oder Fernsprechleitungen sowie von Anlagen für drahtlose Telegrafie, gleichviel, ob sie ihr selbst oder Gesellschaften oder Privatpersonen gehören, zu untersagen oder zu beschränken.

### Art. 9

Alle Beschränkungen oder Verbote, die von einer neutralen Macht in Ansehung der in den Artikeln 7 und 8 erwähnten Gegenstände angeordnet werden, sind von ihr auf die Kriegführenden gleichmässig anzuwenden.

Die neutrale Macht hat darüber zu wachen, dass die gleiche Verpflichtung von den Gesellschaften oder Privatpersonen eingehalten wird, in deren Eigentum sich Telegrafen- oder Fernsprechleitungen oder Anlagen für drahtlose Telegrafie befinden.

### Art. 10

Die Tatsache, dass eine neutrale Macht eine Verletzung ihrer Neutralität selbst mit Gewalt zurückweist, kann nicht als eine feindliche Handlung angesehen werden.

## II. Kapitel:
## Bei Neutralen untergebrachte Angehörige einer Kriegsmacht und in Pflege befindliche Verwundete[4]

### Art. 11

Die neutrale Macht, auf deren Gebiet Truppen der kriegführenden Heere übertreten, muss sie möglichst weit vom Kriegsschauplatz unterbringen.

---

[4] Vgl. die Art. 57–60 des R vom 29. Juli 1899 betreffend die Gesetze und Gebräuche des Landkriegs (SR **0.515.111**) und Art. 4 des Genfer Abk. vom 12. Aug. 1949 zur Verbesserung des Loses der Verwundeten und Kranken der bewaffneten Kräfte im Felde (SR **0.518.12**).

Sie kann sie in Lagern verwahren und sie auch in Festungen oder in anderen zu diesem Zwecke geeigneten Orten einschliessen.

Es hängt von ihrer Entscheidung ab, ob Offiziere, die sich auf Ehrenwort verpflichten, das neutrale Gebiet nicht ohne Erlaubnis zu verlassen, freigelassen werden können.

**Art. 12**

In Ermangelung einer besonderen Vereinbarung hat die neutrale Macht den bei ihr untergebrachten Personen Nahrung, Kleidung und die durch die Menschlichkeit gebotenen Hilfsmittel zu gewähren.

Die durch die Unterbringung verursachten Kosten sind nach dem Friedensschluss zu ersetzen.

**Art. 13**

Die neutrale Macht, die entwichene Kriegsgefangene bei sich aufnimmt, wird diese in Freiheit lassen. Wenn sie ihnen gestattet, auf ihrem Gebiete zu verweilen, so kann sie ihnen den Aufenthaltsort anweisen.

Die gleiche Bestimmung findet Anwendung auf die Kriegsgefangenen, die von den Truppen bei ihrer Flucht auf das Gebiet der neutralen Macht mitgeführt werden.

**Art. 14**

Eine neutrale Macht kann den Durchzug von Verwundeten oder Kranken der kriegführenden Heere durch ihr Gebiet gestatten, doch nur unter dem Vorbehalte, dass die zur Beförderung benutzten Züge weder Kriegspersonal noch Kriegsmaterial mit sich führen. Die neutrale Macht ist in einem solchen Falle verpflichtet, die erforderlichen Sicherheits- und Aufsichtsmassregeln zu treffen.

Die der Gegenpartei angehörenden Verwundeten oder Kranken, die unter solchen Umständen von einem der Kriegführenden auf neutrales Gebiet gebracht werden, sind von der neutralen Macht derart zu bewachen, dass sie an den Kriegsunternehmungen nicht wieder teilnehmen können. Diese Macht hat die gleichen Verpflichtungen in Ansehung der ihr anvertrauten Verwundeten oder Kranken des anderen Heeres.

**Art. 15**

Das Genfer Abkommen[5] gilt auch für die im neutralen Gebiet untergebrachten Kranken und Verwundeten.

---

[5] [BS **11** 487. SR **0.518.11** Art. 34]. Heute: Die Genfer Abk. von 1929 und 1949 (SR **0.518.11** und **0.518.12**).

## III. Kapitel:
## Neutrale Personen

### Art. 16

Als Neutrale sind anzusehen die Angehörigen eines an dem Kriege nicht beteiligten Staates.

### Art. 17

Ein Neutraler kann sich auf seine Neutralität nicht berufen:
   a) wenn er feindliche Handlungen gegen einen Kriegführenden begeht;
   b) wenn er Handlungen zugunsten eines Kriegführenden begeht, insbesondere, wenn er freiwillig Kriegsdienste in der bewaffneten Macht einer der Parteien nimmt.

In einem solchen Falle darf der Neutrale von dem Kriegführenden, dem gegenüber er die Neutralität ausser acht gelassen hat, nicht strenger behandelt werden, als ein Angehöriger des anderen kriegführenden Staates wegen der gleichen Tat behandelt werden kann.

### Art. 18

Als Handlungen zugunsten eines Kriegführenden im Sinne des Artikels 17 Buchstabe b sind nicht anzusehen:
   a) die Übernahme von Lieferungen oder die Bewilligung von Darlehen an einen Kriegführenden, vorausgesetzt, dass der Lieferant oder Darleiher weder im Gebiete der anderen Partei noch in dem von ihr besetzten Gebiete wohnt und dass auch die Lieferungen nicht aus diesen Gebieten herrühren;
   b) die Leistung von polizeilichen oder Zivilverwaltungsdiensten.

## IV. Kapitel:
## Eisenbahnmaterial

### Art. 19

Das aus dem Gebiet einer neutralen Macht herrührende Eisenbahnmaterial, das entweder dieser Macht oder Gesellschaften oder Privatpersonen gehört und als solches erkennbar ist, darf von einem Kriegführenden nur in dem Falle und in dem Masse, in dem eine gebieterische Notwendigkeit es verlangt, requiriert und benutzt werden. Es muss möglichst bald in das Herkunftsland zurückgesandt werden.

Desgleichen kann die neutrale Macht im Falle der Not das aus dem Gebiete der kriegführenden Macht herrührende Material in entsprechendem Umfange festhalten und benutzen.

Von der einen wie von der anderen Seite soll eine Entschädigung nach Verhältnis des benutzten Materials und der Dauer der Benutzung gezahlt werden.

## V. Kapitel:
## Schlussbestimmungen

### Art. 20
Die Bestimmungen dieses Abkommens finden nur zwischen Vertragsmächten Anwendung und nur dann, wenn die Kriegführenden sämtlich Vertragsparteien sind.

### Art. 21
Dieses Abkommen soll möglichst bald ratifiziert werden.

Die Ratifikationsurkunden sollen in Den Haag hinterlegt werden.

Die erste Hinterlegung von Ratifikationsurkunden wird durch ein Protokoll festgestellt, das von den Vertretern der daran teilnehmenden Mächte und von dem niederländischen Minister der auswärtigen Angelegenheiten unterzeichnet wird.

Die späteren Hinterlegungen von Ratifikationsurkunden erfolgen mittels einer schriftlichen, an die Regierung der Niederlande gerichteten Anzeige, der die Ratifikationsurkunde beizufügen ist.

Beglaubigte Abschrift des Protokolls über die erste Hinterlegung von Ratifikationsurkunden, der im vorstehenden Absatz erwähnten Anzeigen sowie der Ratifikationsurkunden wird durch die Regierung der Niederlande unverzüglich den zur zweiten Friedenskonferenz eingeladenen Mächten sowie den anderen Mächten, die dem Abkommen beigetreten sind, auf diplomatischem Wege mitgeteilt werden. In den Fällen des vorstehenden Absatzes wird die bezeichnete Regierung ihnen zugleich bekanntgeben, an welchem Tage sie die Anzeige erhalten hat.

### Art. 22
Die Mächte, die nicht unterzeichnet haben, können diesem Abkommen später beitreten.

Die Macht, die beizutreten wünscht, hat ihre Absicht der Regierung der Niederlande schriftlich anzuzeigen und ihr dabei die Beitrittsurkunde zu übersenden, die im Archive der bezeichneten Regierung hinterlegt werden wird.

Diese Regierung wird unverzüglich allen anderen Mächten beglaubigte Abschrift der Anzeige wie der Beitrittsurkunde übersenden und zugleich angeben, an welchem Tage sie die Anzeige erhalten hat.

### Art. 23
Dieses Abkommen wird wirksam für die Mächte, die an der ersten Hinterlegung von Ratifikationsurkunden teilgenommen haben, sechzig Tage nach dem Tage, an dem das Protokoll über diese Hinterlegung aufgenommen worden ist, und für die später

ratifizierenden oder beitretenden Mächte sechzig Tage, nachdem die Regierung der Niederlande die Anzeige von ihrer Ratifikation oder von ihrem Beitritt erhalten hat.

## Art. 24

Sollte eine der Vertragsmächte dieses Abkommen kündigen wollen, so soll die Kündigung schriftlich der Regierung der Niederlande erklärt werden, die unverzüglich beglaubigte Abschrift der Erklärung allen anderen Mächten mitteilt und ihnen zugleich bekanntgibt, an welchem Tage sie die Erklärung erhalten hat.

Die Kündigung soll nur in Ansehung der Macht wirksam sein, die sie erklärt hat, und erst ein Jahr, nachdem die Erklärung bei der Regierung der Niederlande eingegangen ist.

## Art. 25

Ein im niederländischen Ministerium der auswärtigen Angelegenheiten geführtes Register soll den Tag der gemäss Artikel 21 Absätze 3 und 4 erfolgten Hinterlegung von Ratifikationsurkunden angeben sowie den Tag, an dem die Anzeigen von dem Beitritt (Artikel 22 Absatz 2) oder von der Kündigung (Artikel 24 Absatz 1) eingegangen sind.

Jede Vertragsmacht hat das Recht, von diesem Register Kenntnis zu nehmen und beglaubigte Auszüge daraus zu verlangen.

*Zu Urkund dessen* haben die Bevollmächtigten dieses Abkommen mit ihren Unterschriften versehen.

Geschehen in Den Haag, am achtzehnten Oktober neunzehnhundertsieben in einer einzigen Ausfertigung, die im Archive der Regierung der Niederlande hinterlegt bleiben soll und wovon beglaubigte Abschriften den zur zweiten Friedenskonferenz eingeladenen Mächten auf diplomatischem Wege übergeben werden sollen.

## Geltungsbereich des Abkommens am 1. April 1981

| Vertragsstaaten | Ratifikation oder Beitritt | | Inkrafttreten | |
|---|---|---|---|---|
| Äthiopien | 5. August | 1935 | 4. Oktober | 1935 |
| Belgien | 8. August | 1910 | 7. Oktober | 1910 |
| Bolivien | 27. November | 1909 | 26. Januar | 1910 |
| Brasilien | 5. Januar | 1914 | 6. März | 1914 |
| China | 15. Januar | 1910 | 16. März | 1910 |
| Dänemark | 27. November | 1909 | 26. Januar | 1910 |
| Deutschland | 27. November | 1909 | 26. Januar | 1910 |
| El Salvador | 27. November | 1909 | 26. Januar | 1910 |
| Finnland | 9. Juni | 1922 | 8. August | 1922 |
| Frankreich | 7. Oktober | 1910 | 6. Dezember | 1910 |
| Guatemala | 13. April | 1910 | 12. Juni | 1910 |
| Haiti | 2. Februar | 1910 | 3. April | 1910 |
| Japan | 13. Dezember | 1911 | 11. Februar | 1912 |
| Kuba | 22. Februar | 1912 | 22. April | 1912 |
| Liberia | 4. Februar | 1914 | 5. April | 1914 |
| Luxemburg | 5. September | 1912 | 4. November | 1912 |
| Mexiko | 27. November | 1909 | 26. Januar | 1910 |
| Nicaragua | 16. Dezember | 1909 | 14. Februar | 1910 |
| Niederlande | 27. November | 1909 | 26. Januar | 1910 |
| Norwegen | 19. September | 1910 | 18. November | 1910 |
| Österreich | 27. November | 1909 | 26. Januar | 1910 |
| Panama | 11. September | 1911 | 10. November | 1911 |
| Polen | 7. Mai | 1925 | 6. Juli | 1925 |
| Portugal | 13. April | 1911 | 12. Juni | 1911 |
| Rumänien | 1. März | 1912 | 30. April | 1912 |
| Schweden | 27. November | 1909 | 26. Januar | 1910 |
| Schweiz | 12. Mai | 1910 | 11. Juli | 1910 |
| Sowjetunion | 27. November | 1909 | 26. Januar | 1910 |
| Spanien | 18. März | 1913 | 17. Mai | 1913 |
| Thailand | 12. März | 1910 | 11. Mai | 1910 |
| Ungarn | 27. November | 1909 | 26. Januar | 1910 |
| Vereinigte Staaten von Amerika | 27. November | 1909 | 26. Januar | 1910 |

# Abkommen betreffend die Rechte und Pflichten der neutralen Mächte im Falle eines Seekriegs[2]

Abgeschlossen in Den Haag am 18. Oktober 1907
Von der Bundesversammlung genehmigt am 4. April 1910[3]
Ratifikationsurkunde von der Schweiz hinterlegt am 12. Mai 1910
In Kraft getreten für die Schweiz am 11. Juli 1910

*Seine Majestät der Deutsche Kaiser, König von Preussen; der Präsident der Argentinischen Republik; Seine Majestät der Kaiser von Österreich, König von Böhmen usw. und Apostolischer König von Ungarn; Seine Majestät der König der Belgier; der Präsident der Republik Bolivien; der Präsident der Republik der Vereinigten Staaten von Brasilien; Seine Königliche Hoheit der Fürst von Bulgarien; der Präsident der Republik Chile; der Präsident der Republik Kolumbien; Seine Majestät der König von Dänemark; der Präsident der Dominikanischen Republik; der Präsident der Republik Ecuador; der Präsident der Französischen Republik; Seine Majestät der König des Vereinigten Königreichs von Grossbritannien und Irland und der Britischen überseeischen Lande, Kaiser von Indien; Seine Majestät der König der Hellenen; der Präsident der Republik Guatemala; der Präsident der Republik Haiti; Seine Majestät der König von Italien; Seine Majestät der Kaiser von Japan; Seine Königliche Hoheit der Grossherzog von Luxemburg, Herzog zu Nassau; der Präsident der Vereinigten Staaten von Mexiko; Seine Königliche Hoheit der Fürst von Montenegro; Seine Majestät der König von Norwegen; der Präsident der Republik Panama; der Präsident der Republik Paraguay; Ihre Majestät die Königin der Niederlande; der Präsident der Republik Peru; Seine Kaiserliche Majestät der Schah von Persien; Seine Majestät der König von Portugal und Algarbien usw.; Seine Majestät der König von Rumänien; Seine Majestät der Kaiser aller Reussen; der Präsident der Republik Salvador; Seine Majestät der König von Serbien; Seine Majestät der König von Siam; Seine Majestät der König von Schweden; der Schweizerische Bundesrat; Seine Majestät der Kaiser der Osmanen; der Präsident des Orientalischen Freistaats Uruguay; der Präsident der Vereinigten Staaten von Venezuela,*

in der Absicht, die Meinungsverschiedenheiten zu vermindern, die in Ansehung der Beziehungen zwischen den neutralen und den kriegführenden Mächten im Falle eines Seekriegs noch bestehen, und den Schwierigkeiten vorzubeugen, zu denen diese Meinungsverschiedenheiten etwa Anlass geben könnten,

---

BS **11** 476; BBl **1909** II
1  Der Originaltext findet sich unter der gleichen Nummer in der französischen Ausgabe dieser Sammlung.
2  Sogenanntes XIII. Abkommen der Haager Friedenskonferenz von 1907. Die Schlussakte dieser Konferenz siehe in SR **0.193.212** am Schluss.
3  BS **11** 229

in der Erwägung, dass, wenngleich gegenwärtig Vertragsabreden, die sich auf alle in der Praxis möglicherweise vorkommenden Fälle erstrecken, nicht getroffen werden können, es nichtsdestoweniger von unbestreitbarem Nutzen ist, soweit wie möglich gemeinsame Regeln für den Fall, dass unglücklicherweise ein Krieg ausbrechen sollte, aufzustellen,

in der Erwägung, dass in den in diesem Abkommen nicht vorgesehenen Fällen die allgemeinen Grundsätze des Völkerrechts zu berücksichtigen sind,

in der Erwägung, dass es wünschenswert ist, wenn die Mächte genaue Vorschriften erlassen, um die Rechtsfolgen der von ihnen eingenommenen Neutralitätsstellung zu regeln,

in der Erwägung, dass es eine anerkannte Pflicht der neutralen Mächte ist, die von ihnen angenommenen Regeln auf die einzelnen Kriegführenden unparteiisch anzuwenden,

in der Erwägung, dass von diesem Grundgedanken aus solche Regeln im Laufe des Krieges von einer neutralen Macht grundsätzlich nicht geändert werden sollten, es sei denn, dass die gemachten Erfahrungen eine Änderung als notwendig zur Wahrung der eigenen Rechte erweisen würden,

sind übereingekommen, die nachstehenden gemeinsamen Regeln zu beobachten, von denen übrigens die Bestimmungen der bestehenden allgemeinen Verträge nicht berührt werden sollen, und haben zu ihren Bevollmächtigten ernannt:

*(Es folgen die Namen der Bevollmächtigten)*

welche, nachdem sie ihre Vollmachten hinterlegt und diese in guter und gehöriger Form befunden haben, über folgende Bestimmungen übereingekommen sind:

### Art. 1
Die Kriegführenden sind verpflichtet, die Hoheitsrechte der neutralen Mächte zu achten und sich in deren Gebiet und Gewässern jeder Handlung zu enthalten, welche auf seiten der Mächte, die sie dulden, eine Verletzung ihrer Neutralität darstellen würde.

### Art. 2
Alle von Kriegsschiffen der Kriegführenden innerhalb der Küstengewässer einer neutralen Macht begangenen Feindseligkeiten, mit Einschluss der Wegnahme und der Ausübung des Durchsuchungsrechts, stellen eine Neutralitätsverletzung dar und sind unbedingt untersagt.

### Art. 3
Ist ein Schiff innerhalb der Küstengewässer einer neutralen Macht weggenommen worden, so hat diese Macht, sofern sich die Prise noch in ihrem Hoheitsbereiche befindet, die ihr zur Verfügung stehenden Mittel anzuwenden, um die Befreiung der Prise mit ihren Offizieren und ihrer Mannschaft herbeizuführen und die von dem Wegnehmenden auf die Prise gelegte Besatzung bei sich festzuhalten.

Befindet sich die Prise ausserhalb des Hoheitsbereichs der neutralen Macht, so hat auf Verlangen dieser Macht die nehmende Regierung die Prise mit ihren Offizieren und ihrer Mannschaft freizugeben.

**Art. 4**

Von einem Kriegführenden darf auf neutralem Gebiet oder auf einem Schiffe in neutralen Gewässern kein Prisengericht gebildet werden.

**Art. 5**

Den Kriegführenden ist es untersagt, neutrale Häfen oder Gewässer zu einem Stützpunkte für Seekriegsunternehmungen gegen ihre Gegner zu machen, insbesondere dort funkentelegrafische Stationen oder sonst irgendeine Anlage einzurichten, die bestimmt ist, einen Verkehr mit den kriegführenden Land- oder Seestreitkräften zu vermitteln.

**Art. 6**

Die von einer neutralen Macht an eine kriegführende Macht aus irgendeinem Grunde unmittelbar oder mittelbar bewirkte Abgabe von Kriegsschiffen, Munition oder sonstigem Kriegsmaterial ist untersagt.

**Art. 7**

Eine neutrale Macht ist nicht verpflichtet, die für Rechnung des einen oder des anderen Kriegführenden erfolgende Ausfuhr oder Durchfuhr von Waffen, von Munition sowie überhaupt von allem, was einem Heere oder einer Flotte von Nutzen sein kann, zu verhindern.

**Art. 8**

Eine neutrale Regierung ist verpflichtet, die ihr zur Verfügung stehenden Mittel anzuwenden, um in ihrem Hoheitsbereiche die Ausrüstung oder Bewaffnung jedes Schiffes zu verhindern, bei dem sie triftige Gründe für die Annahme hat, dass es zum Kreuzen oder zur Teilnahme an feindlichen Unternehmungen gegen eine Macht, mit der sie im Frieden lebt, bestimmt ist. Sie ist ferner verpflichtet, dieselbe Überwachung auszuüben, um zu verhindern, dass aus ihrem Hoheitsbereich irgendein zum Kreuzen oder zur Teilnahme an feindlichen Unternehmungen bestimmtes Schiff ausläuft, das innerhalb ihres Hoheitsbereiches ganz oder teilweise zum Kriegsgebrauche hergerichtet worden ist.

**Art. 9**

Eine neutrale Macht muss die Bedingungen, Beschränkungen oder Verbote, die sie für die Zulassung von Kriegsschiffen oder Prisen der Kriegführenden in ihre Häfen, Reeden oder Küstengewässer aufgestellt hat, auf beide Kriegführende gleichmässig anwenden. Doch kann eine neutrale Macht den Zutritt zu ihren Häfen und ihren

Reeden einem Kriegsschiffe untersagen, das sich den von ihr ergangenen Aufforderungen und Anweisungen nicht gefügt oder die Neutralität verletzt hat.

**Art. 10**

Die Neutralität einer Macht wird durch die blosse Durchfahrt der Kriegsschiffe und Prisen der Kriegführenden durch ihre Küstengewässer nicht beeinträchtigt.

**Art. 11**

Eine neutrale Macht darf zulassen, dass die Kriegsschiffe der Kriegführenden sich ihrer bestallten Lotsen bedienen.

**Art. 12**

Sofern die Gesetzgebung der neutralen Macht nicht anderweitige besondere Bestimmungen enthält, ist es den Kriegsschiffen der Kriegführenden, abgesehen von den in diesem Abkommen vorgesehenen Fällen, untersagt, sich innerhalb der Häfen, Reeden oder Küstengewässer einer solchen Macht länger als 24 Stunden aufzuhalten.

**Art. 13**

Erfährt eine Macht, die vom Beginne der Feindseligkeiten benachrichtigt ist, dass sich innerhalb ihrer Häfen, Reeden oder Küstengewässer ein Kriegsschiff eines Kriegführenden aufhält, so hat sie das Schiff aufzufordern, binnen 24 Stunden oder in der durch das Ortsgesetz vorgeschriebenen Frist auszulaufen.

**Art. 14**

Kriegsschiffe von Kriegführenden dürfen ihren Aufenthalt in einem neutralen Hafen über die gesetzliche Dauer hinaus nur aus Anlass von Beschädigungen oder wegen des Zustandes der See verlängern. Sie müssen auslaufen, sobald die Ursache der Verzögerung fortgefallen ist.

Die Regeln über die Beschränkung des Aufenthalts innerhalb neutraler Häfen, Reeden und Gewässer gelten nicht für Kriegsschiffe, die ausschliesslich religiösen, wissenschaftlichen oder menschenfreundlichen Aufgaben dienen.

**Art. 15**

Sofern die Gesetzgebung der neutralen Macht nicht anderweitige besondere Bestimmungen enthält, dürfen sich höchstens drei Kriegsschiffe eines Kriegführenden zu gleicher Zeit innerhalb eines ihrer Häfen oder einer ihrer Reeden befinden.

## Art. 16

Befinden sich innerhalb eines neutralen Hafens oder einer neutralen Reede gleichzeitig Kriegsschiffe beider Kriegführenden, so müssen zwischen dem Auslaufen von Schiffen des einen und des anderen Kriegführenden mindestens 24 Stunden verflossen sein.

Die Reihenfolge des Auslaufens bestimmt sich nach der Reihenfolge der Ankunft, es sei denn, dass sich das zuerst angekommene Schiff in einer Lage befindet, wo die Verlängerung der gesetzlichen Aufenthaltsdauer zugelassen ist.

Kriegsschiffe von Kriegführenden dürfen einen neutralen Hafen oder eine neutrale Reede nicht früher als 24 Stunden nach dem Auslaufen eines die Flagge ihres Gegners führenden Kauffahrteischiffs verlassen.

## Art. 17

Innerhalb neutraler Häfen und Reeden dürfen die Kriegsschiffe von Kriegführenden ihre Schäden nur in dem für die Sicherheit ihrer Schiffahrt unerlässlichen Masse ausbessern, nicht aber in irgendwelcher Weise ihre militärische Kraft erhöhen. Die neutrale Behörde hat die Art der vorzunehmenden Ausbesserungen festzustellen, die so schnell wie möglich auszuführen sind.

## Art. 18

Die Kriegsschiffe von Kriegführenden dürfen die neutralen Häfen, Reeden und Küstengewässer nicht benutzen, um ihre militärischen Vorräte oder ihre Armierung zu erneuern oder zu verstärken sowie um ihre Besatzung zu ergänzen.

## Art. 19

Die Kriegsschiffe von Kriegführenden dürfen innerhalb neutraler Häfen und Reeden nur soviel Lebensmittel einnehmen, um ihren Vorrat auf den regelmässigen Friedensbestand zu ergänzen.

Ebenso dürfen diese Schiffe nur soviel Feuerungsmaterial einnehmen, um den nächsten Hafen ihres Heimatlandes zu erreichen. Sie können übrigens das zur vollständigen Füllung ihrer eigentlichen Kohlenbunker erforderliche Feuerungsmaterial einnehmen, wenn sie sich in neutralen Ländern befinden, die diese Art der Bemessung des zu liefernden Feuerungsmaterials angenommen haben.

Wenn die Schiffe nach den Gesetzen der neutralen Macht erst 24 Stunden nach ihrer Ankunft Kohlen erhalten, so verlängert sich für sie die gesetzliche Aufenthaltsdauer um 24 Stunden.

## Art. 20

Die Kriegsschiffe von Kriegführenden, die in dem Hafen einer neutralen Macht Feuerungsmaterial eingenommen haben, dürfen ihren Vorrat in einem Hafen derselben Macht erst nach drei Monaten erneuern.

**Art. 21**

Eine Prise darf nur wegen Seeuntüchtigkeit, wegen ungünstiger See sowie wegen Mangels an Feuerungsmaterial oder an Vorräten in einen neutralen Hafen gebracht werden.

Sie muss wieder auslaufen, sobald die Ursache, die das Einlaufen rechtfertigte, weggefallen ist. Tut sie dies nicht, so muss ihr die neutrale Macht eine Aufforderung zum sofortigen Auslaufen zukommen lassen; sollte sie dieser nicht nachkommen, so muss die neutrale Macht die ihr zur Verfügung stehenden Mittel anwenden, um die Befreiung der Prise mit ihren Offizieren und ihrer Mannschaft herbeizuführen sowie um die von dem Wegnehmenden auf die Prise gelegte Besatzung bei sich festzuhalten.

**Art. 22**

Die neutrale Macht muss ebenso die Befreiung solcher Prisen herbeiführen, die bei ihr eingebracht worden sind, ohne dass die im Artikel 21 vorgesehenen Voraussetzungen vorliegen.

**Art. 23**

Eine neutrale Macht kann Prisen, sei es mit, sei es ohne Begleitung, den Zutritt zu ihren Häfen und Reeden gestatten, wenn sie dorthin gebracht werden, um bis zur Entscheidung des Prisengerichts in Verwahrung gehalten zu werden. Sie kann die Prise in einen anderen ihrer Häfen führen lassen.

Wenn die Prise von einem Kriegsschiffe begleitet wird, so sind die von dem Wegnehmenden auf die Prise gelegten Offiziere und Mannschaften befugt, sich auf das begleitende Schiff zu begeben.

Fährt die Prise allein, so ist die von dem Wegnehmenden auf die Prise gelegte Besatzung in Freiheit zu lassen.

**Art. 24**

Wenn Kriegsschiffe von Kriegführenden einen Hafen, wo sie zu bleiben nicht berechtigt sind, trotz der Aufforderung der neutralen Behörde nicht verlassen, so hat die neutrale Macht das Recht, die ihr erforderlich scheinenden Massnahmen zu treffen, um ein solches Schiff unfähig zu machen, während der Dauer des Krieges in See zu gehen; der Befehlshaber des Schiffes soll die Ausführung dieser Massnahmen erleichtern.

Werden Kriegsschiffe von Kriegführenden durch eine neutrale Macht festgehalten, so werden die Offiziere und die Mannschaft gleichfalls festgehalten.

Die so festgehaltenen Offiziere und Mannschaften können auf dem Schiffe gelassen oder auf einem anderen Schiffe oder an Land untergebracht werden; sie können beschränkenden Massregeln, deren Auferlegung nötig erscheint, unterworfen werden. Doch sind auf dem Schiffe immer die zu seiner Instandhaltung notwendigen Leute zu belassen.

Die Offiziere können freigelassen werden, wenn sie sich durch Ehrenwort verpflichten, das neutrale Gebiet nicht ohne Erlaubnis zu verlassen.

**Art. 25**

Eine neutrale Macht ist verpflichtet, nach Massgabe der ihr zur Verfügung stehenden Mittel die erforderliche Aufsicht auszuüben, um innerhalb ihrer Häfen, Reeden und Gewässer jede Verletzung der vorstehenden Bestimmungen zu verhindern.

**Art. 26**

Die Ausübung der in diesem Abkommen festgestellten Rechte durch eine neutrale Macht darf niemals von dem einen oder dem anderen Kriegführenden, der die in Betracht kommenden Artikel angenommen hat, als unfreundliche Handlung angesehen werden.

**Art. 27**

Die Vertragsmächte werden einander zu gegebener Zeit alle Gesetze, Verordnungen und sonstigen Bestimmungen über die Behandlung der Kriegsschiffe von Kriegführenden in ihren Häfen und ihren Gewässern mitteilen, und zwar mittels einer an die Regierung der Niederlande gerichteten Benachrichtigung, die von dieser unverzüglich allen anderen Vertragsmächten übermittelt wird.

**Art. 28**

Die Bestimmungen dieses Abkommens finden nur zwischen den Vertragsmächten Anwendung und nur dann, wenn die Kriegführenden sämtlich Vertragsparteien sind.

**Art. 29**

Dieses Abkommen soll möglichst bald ratifiziert werden.

Die Ratifikationsurkunden sollen in Den Haag hinterlegt werden.

Die erste Hinterlegung von Ratifikationsurkunden wird durch ein Protokoll festgestellt, das von den Vertretern der daran teilnehmenden Mächte und von dem niederländischen Minister der auswärtigen Angelegenheiten unterzeichnet wird.

Die späteren Hinterlegungen von Ratifikationsurkunden erfolgen mittels einer schriftlichen, an die Regierung der Niederlande gerichteten Anzeige, der die Ratifikationsurkunde beizufügen ist.

Beglaubigte Abschrift des Protokolls über die erste Hinterlegung von Ratifikationsurkunden, der im vorstehenden Absatz erwähnten Anzeigen und der Ratifikationsurkunden wird durch die Regierung der Niederlande unverzüglich den zur zweiten Friedenskonferenz eingeladenen Mächten sowie den anderen Mächten, die dem Abkommen beigetreten sind, auf diplomatischem Wege mitgeteilt werden. In den Fällen des vorstehenden Absatzes wird die bezeichnete Regierung ihnen zugleich bekanntgeben, an welchem Tage sie die Anzeige erhalten hat.

**Art. 30**

Die Mächte, die nicht unterzeichnet haben, können diesem Abkommen später beitreten.

Die Macht, die beizutreten wünscht, hat ihre Absicht der Regierung der Niederlande schriftlich anzuzeigen und ihr dabei die Beitrittsurkunde zu übersenden, die im Archive der bezeichneten Regierung hinterlegt werden wird.

Diese Regierung wird unverzüglich allen anderen Mächten beglaubigte Abschrift der Anzeige wie der Beitrittsurkunde übersenden und zugleich angeben, an welchem Tage sie die Anzeige erhalten hat.

**Art. 31**

Dieses Abkommen wird wirksam für die Mächte, die an der ersten Hinterlegung von Ratifikationsurkunden teilgenommen haben, sechzig Tage nach dem Tage, an dem das Protokoll über diese Hinterlegung aufgenommen worden ist, und für die später ratifizierenden oder beitretenden Mächte sechzig Tage, nachdem die Regierung der Niederlande die Anzeige von ihrer Ratifikation oder von ihrem Beitritt erhalten hat.

**Art. 32**

Sollte eine der Vertragsmächte dieses Abkommen kündigen wollen, so soll die Kündigung schriftlich der Regierung der Niederlande erklärt werden, die unverzüglich beglaubigte Abschrift der Erklärung allen anderen Mächten mitteilt und ihnen zugleich bekanntgibt, an welchem Tage sie die Erklärung erhalten hat.

Die Kündigung soll nur in Ansehung der Macht wirksam sein, die sie erklärt hat, und erst ein Jahr, nachdem die Erklärung bei der Regierung der Niederlande eingegangen ist.

**Art. 33**

Ein im niederländischen Ministerium der auswärtigen Angelegenheiten geführtes Register soll den Tag der gemäss Artikel 29 Absätze 3 und 4 erfolgten Hinterlegung von Ratifikationsurkunden angeben sowie den Tag, an dem die Anzeigen von dem Beitritt (Artikel 30 Absatz 2) oder von der Kündigung (Artikel 32 Absatz 1) eingegangen sind.

Jede Vertragsmacht hat das Recht, von diesem Register Kenntnis zu nehmen und beglaubigte Auszüge daraus zu verlangen.

*Zu Urkund dessen* haben die Bevollmächtigten dieses Abkommen mit ihren Unterschriften versehen.

Geschehen in Den Haag, am achtzehnten Oktober neunzehnhundertsieben in einer einzigen Ausfertigung, die im Archive der Regierung der Niederlande hinterlegt bleiben soll und wovon beglaubigte Abschriften den zur zweiten Friedenskonferenz eingeladenen Mächten auf diplomatischem Wege übergeben werden sollen.

## Geltungsbereich des Abkommens am 1. April 1981

| Vertragsstaaten | Ratifikation oder Beitritt | | Inkrafttreten | |
|---|---|---|---|---|
| Äthiopien | 5. August | 1935 | 4. Oktober | 1935 |
| Belgien | 8. August | 1910 | 7. Oktober | 1910 |
| Brasilien | 5. Januar | 1914 | 6. März | 1914 |
| China | 15. Januar | 1910 | 16. März | 1910 |
| Dänemark | 27. November | 1909 | 26. Januar | 1910 |
| Deutschland* | 27. November | 1909 | 26. Januar | 1910 |
| El Salvador | 27. November | 1909 | 26. Januar | 1910 |
| Finnland | 9. Juni | 1922 | 8. August | 1922 |
| Frankreich | 7. Oktober | 1910 | 6. Dezember | 1910 |
| Guatemala | 13. April | 1910 | 12. Juni | 1910 |
| Haiti | 2. Februar | 1910 | 3. April | 1910 |
| Japan* | 13. Dezember | 1911 | 11. Februar | 1912 |
| Liberia | 4. Februar | 1914 | 5. April | 1914 |
| Luxemburg | 5. September | 1912 | 4. November | 1912 |
| Mexiko | 27. November | 1909 | 26. Januar | 1910 |
| Nicaragua | 16. Dezember | 1909 | 14. Februar | 1910 |
| Niederlande | 27. November | 1909 | 26. Januar | 1910 |
| Norwegen | 19. September | 1910 | 18. November | 1910 |
| Österreich | 27. November | 1909 | 26. Januar | 1910 |
| Panama | 11. September | 1911 | 10. November | 1911 |
| Portugal | 13. April | 1911 | 12. Juni | 1911 |
| Rumänien | 1. März | 1912 | 30. April | 1912 |
| Schweden | 27. November | 1909 | 26. Januar | 1910 |
| Schweiz | 12. Mai | 1910 | 11. Juli | 1910 |
| Sowjetunion | 27. November | 1909 | 26. Januar | 1910 |
| Thailand* | 12. März | 1910 | 11. Mai | 1910 |
| Ungarn | 27. November | 1909 | 26. Januar | 1910 |
| Vereinigte Staaten von Amerika* | 3. Dezember | 1909 | 1. Februar | 1910 |

\* Vorbehalte siehe hiernach.

## Vorbehalte

### Deutschland
Unter Vorbehalt der Art. 11, 12, 13 und 20.

### Japan
Unter Vorbehalt der Art. 19 und 23.

### Thailand
Unter Vorbehalt der Art. 12, 19 und 23.

### Vereinigte Staaten von Amerika
Unter folgendem Vorbehalt:
«Die Vereinigten Staaten treten dem Abkommen bei unter Vorbehalt und Ausschluss des Art. 23 und indem sie die letzte Bestimmung des Art. 3 des Abkommens dahin verstehen, dass diese für die neutrale Macht die Verpflichtung in sich schliesst, das dort erwähnte Verlangen der Freigabe eines Schiffes zu stellen, das innerhalb des neutralen Hoheitsgebietes weggenommen ist und sich nicht mehr in diesem Hoheitsgebiet befindet.» (Übersetzung des englischen Originaltextes)